유 퀴즈 QUIZ
안전한 학교 생활

학교 안전 상식을 아시나요?

유 퀴즈 QUIZ 안전한 학교 생활

학교 안전 상식을 아시나요?

제1판 제1쇄 인쇄 2022년 01월 15일
제1판 제1쇄 발행 2022년 01월 25일

지은이 송성근 이나연 김미숙 엄주하 이재현 심지은 **그린이** 김서리
펴낸이 조헌성 **펴낸곳** (주)미래와경영
ISBN 978-89-6287-223-1 03370 값 17,000원
출판등록 2000년 03월 24일 제25100-2006-000040호
주소 (08590) 서울특별시 금천구 가산디지털1로 84, 에이스하이엔드타워 8차 1106호
전화번호 02) 837-1107 **팩스번호** 02) 837-1108
홈페이지 www.fmbook.com **이메일** fmbook@naver.com

■좋은 책은 독자와 함께합니다.
책으로 펴내고 싶은 소중한 경험이나 지식, 아이디어를 이메일
fmbook@naver.com으로 보내주세요.
(주)미래와경영은 언제나 여러분께 열려 있습니다.

유 퀴즈 QUIZ
안전한 학교 생활

• 학교 안전 상식을 아시나요? •

글 송성근 이나연 김미숙 엄주하 이재현 심지은
그림 김서리

푸는 재미! 맞히는 재미!
퀴즈로 푸는 학교 안전 생활

미래와경영

프롤로그
Prologue

✳

초임 시절 체육시간, 강당에서 굴렁쇠 굴리기를 하던 중에 굴렁쇠가 학생 얼굴에 부딪혀 앞니가 부러지는 사고가 발생했습니다. '어떻게 굴렁쇠에 이가 부러지는 상황이 발생할 수 있지?', '이걸 어떻게 처리해야 하지?', '보건 선생님을 불러야 하나?' 등등 아프다는 학생과 이를 지켜보는 다른 학생들 속에서 저는 머릿속이 복잡해졌습니다. 먼저 부모님께 연락을 드리고 가까운 치과에 학생을 데리고 가서 치료를 받았습니다. 하지만 상황은 여기에서 끝나는 것이 아니었습니다. 결제는 누구 카드로 해야 하며, 앞으로의 치료비 청구와 보상은 어떻게 진행해야 할지, 부모님에게 안내는 어떻게 해야 하는지 등등 세세한 부분까지 고민스러웠습니다.

학교에서 학생을 지도하다 보면 나름의 방법으로 안전사고 예방 교육을 하였음에도 예상치 못한 사고가 발생합니다. 사건 사고 없이 무탈하게 지내는 것이 큰 복이라고 생각할 정도로 사건 사고는 언제 터질지 모릅니다. 이러한 사고에 적절하게 대처하기 위해서는 사고를 전, 중, 후로 나누어 봤을 때 다음의 능력이 필요합니다. '상황별 위험 요소 파악과 적절한 관심에 따른 예방', '사고를 효과적이고 효율적으로 처리할 수 있는 매뉴얼과 대처 능력',

'상황을 안정적으로 마무리하기 및 재발 방지를 위한 노력'입니다. 이러한 과정에서 선생님이 해야 하는 업무의 종류를 직업적으로 봤을 때는 '경찰, 변호사, 검사, 판사, 의사, 약사, 간호사, 사무직 직원, 상담사' 등을 생각할 수 있습니다. 이러한 직업군의 기초적인 지식과 능력을 선생님은 어느 정도 겸비하고 있어야 합니다. 그만큼 여러 명의 학생과 함께 생활을 하며 관리한다는 것은 결코 쉬운 일이 아닙니다.

이러한 고민과 관련하여 교육부에서는 3년에 한 번씩 '안전교육' 연수를 의무적으로 이수하도록 하고 있습니다. 의무로 듣는 안전교육 연수를 보면 사례를 바탕으로 한 이론 교육이 대부분입니다. 핵심적인 내용만 정리된 전달식 연수 방식도 좋지만, 흥미와 재미를 이끌어내지 못해 결국 '이수를 위한 연수 듣기'로 넘어가게 됩니다. 이에 학습자가 더욱 자발적으로 참여할 수 있는 '퀴즈' 형태로 방식을 바꿔보면 어떨까? 하는 생각으로 이 책을 집필하였으며, 책 내용을 바탕으로 원격직무연수인 '유 퀴즈 안전한 학교 생활'(티처빌 원격연수원)을 출시하게 되었습니다.

'푸는 재미! 맞히는 재미!'가 있는 퀴즈로 풀어내는 안전교육은 다음과 같은 특징이 있습니다.

1. 현장 경험이 많은 분야별 전문가 네 명이 참여하여 안전교육의 전문성을 높였습니다.
2. 현장 전문가가 겪은 생생한 사례를 바탕으로 학교에서 꼭 필요한 내용만 정리하였습니다.

3. 안전 지식과 상식을 퀴즈 형태로 풀면서 자신의 안전 상식을 체크해 보고 미처 몰랐던 부분을 파악할 수 있습니다.

4. 의무이기 때문에 듣는 안전교육을 벗어나 퀴즈 형태로 풀 수 있는 기회를 제공하여 보다 적극적인 참여를 유도하였습니다.

5. 책 내용을 바탕으로 제작된 원격직무연수를 활용한다면 더욱 생생하고 즐겁게 안전 상식을 파악할 수 있습니다.

학교를 향한 사회적 요구는 점점 높아지고 학생 지도는 갈수록 어려워지고 있습니다. 사고가 벌어지고 난 후에 상황을 처리하기 위해서는 상당한 에너지가 소비됩니다. 따라서 가장 좋은 방법은 평상시 관심을 가지고 사고가 발생하지 않도록 예방하는 것입니다. 이 책에는 이러한 구체적 예방 방법에 대한 내용뿐만 아니라 사고가 발생했을 때 선생님의 대처 방법이 상세하게 정리되어 있습니다.

'미처 몰라서... 방법을 몰라서...' 안전 관련 내용을 모르면 학생의 몸뿐만 아니라 마음까지 다칠 수 있습니다. 또한, 자신이 맡은 학생이 안전사고로 인해 피해를 입는다면 선생님의 마음도 편하지 못할 뿐만 아니라 법률적 책임까지 지게 되는 안타까운 상황이 발생할 수도 있습니다. 이렇듯 안전과 관련된 상식과 내용 파악은 학생의 건강한 성장을 돕는 것뿐만 아니라 선생님의 몸과 마음의 건강을 위해서도 꼭 필요합니다. 이 책이 학생과 선생님 및 교육공동체 모두가 안전하고 건강한 삶을 살아가는 데 도움이 되었으면 좋겠습니다.

현장 전문가로 열심히 참여해주신 이나연 변호사님, 김미숙 보건 선생님, 엄주하 보건 선생님, 이재현 소방장님에게 감사드립니다. 각 분야별 전문 영역에 대한 안전 내용을 생생하면서도 밀도 있게 정리해주셔서 안전 상식을 알아가는 즐거움을 느꼈습니다. 또한, 책 정리를 함께 해준 심지은 선생님과 상황에 어울리는 삽화를 그려주신 김서리 선생님께도 감사드립니다.

저의 일곱 번째 책까지 항상 믿고 작업해주신 '미래와경영' 편집팀과 따뜻한 관심으로 많은 조언과 도움을 주시는 '구상'팀에게 감사드립니다. 항상 응원해주고 지지해주는 평생의 반려자 김주영 선생님, 든든하고 예쁜 첫째 아들 송우현 군, 건강하게 태어나서 잘 크고 있는 둘째 아들 송우주 군에게 감사한 마음을 전합니다. 언제나 겸손한 자세로 꾸준히 노력하고 내가 가진 것을 베풀 줄 아는 좋은 선생님이 되도록 노력하겠습니다.

송성근 선생님

◉

교사에게 의무 이수 사항인 안전교육 연수는 지루하고 성가시게 느껴집니다. 매해 반복하여 교육받지만 돌아서면 잊어버리기 일쑤입니다. 그러나 사실, 안전 상식은 위기의 상황에서 가장 유용하게 쓰이며 나를 지켜주는 중요한 도구라는 점에는 모두 동의할 것입니다.

이 책을 쓰면서 두 가지 고민을 했습니다. 첫째는 '어떻게 하면 이 지식이 학교 현장에서 유용하게 쓰일까?', 둘째는 '어떻게 해야 교사들이 중요한 부분을 잊지 않고 기억할 수 있을까?'입니다. 따라서 교사로서의 경험을 바탕으로 전문가의 지식 중에서 학교 현장에 가장 유용하게 적용할 수 있는 부분을 퀴즈 형식으로 다루게 되었습니다.

　이 책은 기존의 딱딱한 안전교육이 단순히 항목별로 나열된 책이 아닙니다. 목차에서 알 수 있듯이 교사에게 특히 필요로 하는 학교폭력, 교권침해 등의 안전 상식을 사례와 함께 제시하여 현장감을 담고자 하였습니다. 이 책을 통해 다양한 형식의 퀴즈를 풀며 미처 몰랐거나 잘못 알고 있었던 부분을 파악하고, 퍼즐 맞추듯 상식을 채워나가는 기쁨을 맛보기를 바랍니다. 저 또한 책을 만들면서 잘 몰랐던 부분을 알아가는 즐거움이 있었고, 이제 선생님들과 그 마음을 나누고자 합니다.

　부족한 솜씨로 책을 만들며 감사했던 분들이 많습니다. 함께 제작하자고 불러주고 기획해주신 송성근 선생님, 깊이 있는 지식으로 책 내용을 풍부하게 채워주신 안전 전문가 네 분, 그리고 집필에 도움을 주신 신승호 선생님을 비롯한 동료 선생님들께 진심으로 감사의 말씀을 전합니다. 선생님과 학생, 나아가 교육공동체 모두가 행복하기 위해서는 기본적으로 '안전'이 보장되어야 합니다. 저도 선생님들과 함께 아이들을 비롯한 교육공동체 모두의 안전을 위해 꾸준히 배우고 노력하겠습니다.

심지은 선생님

✿

　2012년부터 2018년까지 교육청 변호사로 근무하면서 '학교 안전'에 대해 많은 것을 보고 느낄 수 있었습니다. 특히, 그저 막연히 당연하게만 생각했던 학교에서의 평온한 나날들은 선생님들의 수많은 고민과 노고의 결과였다는 것을 직접 보고 느낀 시간이었습니다.

'안전'이라는 말을 생각하면 사고로부터의 안전, 신체의 안전이 먼저 떠오르곤 합니다. 이와 함께 마음의 안전도 중요한 부분이라는 생각으로 학교에서 가장 큰 고충이 되고 상처가 남기도 하는 학교폭력과 교육활동 침해 행위 사안에 대하여 조금이나마 도움이 되었으면 하는 바람을 담아 이 책 집필에 참여한 뜻 깊은 기회였습니다.

교육청에서의 소중한 경험과 함께 학교에서 발생한 안전 관련 사안을 중심으로 강의와 송무를 하는 변호사로서의 역할을 넓혀 활동하는 요즘, 교육현장에서 최선을 다했음에도 불구하고 이에 대한 법적 분쟁이나 소송 등을 겪게 되는 상황을 옆에서 함께하며 처음 사안을 직면하였을 때 적절한 대응과 예방이 중요하다는 것을 더욱 크게 느꼈습니다. 이에 '안전'에 대한 전문가들과 함께 만든 이 책을 통해 갑자기 찾아온 어려운 순간에 도움이 될 수 있는 내용을 퀴즈 형식으로 풀어 지루하지 않고 쉽게 점검해볼 수 있도록 하였습니다.

어렵고 힘든 상황에서 꼭 도움이 되었으면 좋겠다는 소망이 이루어지길 바랍니다. 소중하고 뜻 깊은 기회를 마련해 주신 송성근 선생님, 함께 집필하신 전문가님들을 비롯해 도움을 주신 모든 분께 깊은 감사의 말씀을 전합니다.

이나연 변호사

＊

학생들이 많은 시간을 보내는 학교 현장에서 안전은 그 무엇보다 중요합니다. 학생들의 안전을 위협하는 요소로 학교 시설, 사람, 일상적으로 사용하는 물건 등 흔히 마주하는 것들이 있습니다. 체육관, 교실, 복도 등 학생들이 주로 생활하는 공간이 사고 현장이 될 수 있고, 책상, 연필 등도 자칫 사고의 무기가 될 수 있습니다. 그뿐만 아니라 친구들과의 다툼, 부딪히는 사람 등 다양한 요소가 안전을 위협하고 있습니다. 이러한 위험 요소로 인해 작은 상처에서 크게는 목숨까지 앗아가는 것을 볼 수 있습니다.

'설마 사고가 나겠어.' 하는 안전 불감증은 학교 환경의 위험성에 대해 민감하게 인식하지 못한 채 나타나고, 안전사고 예방보다는 사후 처방 중심의 안전교육이 되어 왔습니다. 이는 안전에 대한 민감성이 부족함을 엿볼 수 있습니다.

'안전'은 위험 요소가 없는 상태이자 어떠한 위험 원인이 있어도 사고가 나는 일이 없도록 하는 것입니다. 사고라는 단어를 생각하면 큰 재해나 재난을 떠올리지만, 일상적인 사고가 나비효과가 되어 커다란 사고로 이어질 수 있습니다. 위험 요소를 미리 파악하여 없애 사고가 나지 않도록 하는 교육이 선행되어야 합니다. 숨은 위험의 예측을 기초로 한 대책과 교육이 수립되어 있어야만 안전이라고 할 수 있습니다. 그런 의미에서 '안전'은 학교 관리자, 선생님, 학생, 학부모 등 학교 구성원 모두 함께 만들어 나가야 하는 중요한 일입니다.

이 책은 학교에서의 안전사고를 개인의 부주의 탓으로 돌리는 사후 처리 위주의 교육에서 벗어나 학교의 일상생활 속에서 발생될 수 있는 사례를 중점으로 위험 요소를 미리 파악하고 살펴 예방할 수 있는 '위험예지능력'을 키우는 데 중점을 두었습니다. 즉, 사고 발생 전 학교 주변의 위험 요소를 파악할 수 있는 감수성을 키워 사고를 인지하여 대처할 수 있도록 다양한 사례와 재미있는 퀴즈를 통해 쉽게 서술되었습니다.

안전의 책임을 학생 개개인의 '부주의' 탓으로 돌리기보다는 학교 환경의 다양한 위험 요소를 파악하여 개선해 나가야 합니다. 학생들이 마음껏 뛰어 놀아도 사고가 나지 않도록 안전한 환경을 만들어주고, 그에 따른 위험예지 훈련을 통해 인지하여 안전 생활이 몸에 습관이 되도록 해야 합니다.

이 책 집필에 함께 참여하게 되어 감사드리며, 학교구성원 모두가 학교 안전에 관심을 가지고 안전 사례에 대한 분석 및 정보 공유 등을 통하여 안전 의식이 정착되기를 기원합니다.

엄주하 보건교사

❋

초등학교에서 20여년 넘게 근무하다 중학교에 근무하는 지금, 초등학생 시기에는 드러나지 않았던 학생들의 중독 현상이 나타나는 것을 보게 되었습니다. 청소년들의 일탈을 보면서 마음 아프지 않은 분이 있을까요? 특히 제자인 경우에는 더 그렇습니다.

안타까운 마음에 스마트폰·인터넷(게임) 중독 예방, 흡연·음주·도박 예방을 담은 <십대들의 중독>이라는 책을 집필하였습니다. 이 책을 계기로 안전교육 전문가로 도서 및 연수 제작에 참여하게 되지 않았나 생각됩니다.

제가 집필한 내용은 폭력 및 중독 예방 부분, 즉 디지털 성범죄 예방, 아동학대 예방, 생명 존중과 자살 예방, 약물의 위험성 및 올바른 복용법, 흡연·음주 예방법, 올바른 사이버 조절력 기르기입니다. 작성한 원고는 퀴즈로 바꾸고 해설서로 만드는 과정을 거쳤습니다. 그다음에 시나리오 작업을 통해 게스트 선생님들께서 문제를 풀면서 배우는 연수로 만들어졌습니다.

미래의 꿈나무인 청소년들을 지도하는 선생님들에게 예능 같은 퀴즈 형식으로 진행한 안전교육 연수의 전문가로 참여하면서 그동안 받아 왔던 연수의 틀을 벗어나 새롭게 시도하는 연수 제작 참여는 저에게도 무척 의미 있는 시간이었습니다.

이 책이 나오기까지 기획하신 송성근 선생님, 촬영 과정에서 처음 만난 이나연 변호사님, 동료 교사인 엄주하 선생님, 이재현 소방관님, 그리고 게스트 선생님들과 보이지 않는 곳에서 도움주신 모든 선생님들께 감사의 말씀 드립니다. 아무쪼록 이 책이 연수가 끝난 후에도 옆에 두고 학생들을 지도하면서 필요할 때마다 펼쳐 볼 수 있는 안전교육서가 되기를 기대하며, '안전한 학교! 행복한 학교 생활'이 되는 데 도움이 되기를 바랍니다.

김미숙 보건교사

✳

재난 상황이 일어나지 않도록 예방하고 언제 어디서 발생할지 모르는 위급한 상황을 대비하며 사전에 관심을 가지고 준비해야 하는 것은 우리 사회가 복잡한 산업화, 인구의 고령화, 시설의 노후화 등의 여러 요인으로 인해 '위험사회'로 진입했기 때문에 더욱이 우리는 '안전'에 대해 관심을 가져야 하는 부분일 것입니다.

소방관으로 10여 년간 근무하며 각종 화재, 구조, 구급 현장들을 경험하였습니다. 그곳에서는 안전에 대한 지속적인 관심이 부족한 우리의 모습을 마주했고, 강사로 활동한 그곳에서는 '반복'과 '의무'에 지루해하는 선생님들의 생각을 마주했습니다.

이 책은 '반복과 의무를 벗어난 흥미로운 안전교육은 무엇일까?'에 대한 생각에서부터 시작하였습니다. 이에 학교 현장에서 실제로 사용할 수 있는 유용한 주제들과 흥미를 이끌어 낼 수 있는 재미있는 퀴즈 형식으로 구성하여 우리가 잘못 알고 있거나 놓치고 있는 부분들을 알아가며 확인할 수 있도록 하였습니다. 또한, 안전이라는 주제로 학교폭력, 보건안전, 화재안전 등 각 분야별 안전 전문가의 현실감 있는 실제 이야기들은 지루할 틈 없이 책장을 넘길 수 있게 해줄 것입니다

이 책을 만드는 과정은 저 또한 부족한 부분을 채워나갈 수 있는 시간이었고, 이런 좋은 기회를 주신 송성근 선생님과 집필에 도움을 주신 여러 선생님, 용기와 응원을 보내주신 시흥소방서 재난예방과 임은택 과장님, 김재풍 팀장님, 그리고 항상 옆에서 묵묵히 지원해준 가족에게 진심으로 감사의 마음을 전합니다.

안전은 아무리 강조해도 지나치지 않기에 지속적인 관심과 반복적인 교육을 통해 안전이 일상이 되어 '모두가 안전한 사회'가 만들어지길 바랍니다. 소방관이라는 사명감으로 각종 사건 사고 현장에서 불철주야 우리 국민들의 안전을 위해 묵묵히 노력하고 있는 동료들과 함께 저도 우리 국민들이 안전에 지속적으로 관심을 가질 수 있도록 열심히 노력하겠습니다.

이재현 소방장

❂

초등학교 교육 현장에 있는 교사의 한 사람으로서 아이들의 해맑게 웃는

모습도 많이 보지만, 아프고 슬픈 일도 많이 접하게 됩니다. 그런 아이들을 볼 때면, 아이들의 잘못보다는 안전이나 폭력, 학대에 대한 바른 인식을 심어 주지 못한 어른들의 과오를 더 많이 느끼게 되어 미안함이 큽니다.

　이번 책과 연수의 삽화 작업에는 아이들의 안전하고 밝은 미소가 함께하는 학교 생활에 조금이나마 도움이 되었으면 하는 마음으로 참여하였습니다. 이를 계기로 그림으로 소통하는 교사를 넘어 모든 아이들이 내 아이라는 생각으로, 우리 반 아이라는 생각으로 폭력과 학대가 없는 안전하고 행복한 학교, 아이들이 되기를 다시금 깊게 소망해 봅니다.

김서리 선생님

CONTENTS

PART
01

마음의 안전을 위해!
교육청 출신 변호사의
우리 반에 꼭 필요한
법률 이야기

이나연 변호사

아직도 알쏭달쏭한
'학교폭력예방법'의 모든 것

아니, 이런 사건이?

"선생님! 철수가 저에게 톡으로 자주 욕설을 보내고 학교에서도 때리거나 다른 친구들이 저랑 놀지 못하게 해요. 너무 화가 나는데 어떻게 해야 할지 모르겠어요. 도와주세요."

"선생님! 방금 훈이가 저한테 바보라고 놀렸어요. 이거 학교폭력이죠? 신고해 주세요."

뉴스에 보도되는 것처럼 폭력과 상해가 수반되는 심각한 학교폭력 사안도 있지만, 장난과 학교폭력의 경계 구분이 어려운 상황일 때 어떻게 대응해야 할지 고민이 됩니다. 보호자들이 사안 처리 방향을 각각 다르게 요구할 때, 이것이 들어줄 수 있는 내용인지 아닌지 판단하는 것도 필요합니다. 또한, 언제 어떻게 학교폭력 사안이 발생하게 될지 조마조마하여 걱정이 되기도 합니다.

예방 교육의 필요성

학교폭력은 피해 학생의 마음에 큰 상처가 됩니다. 가해 학생에게도 제대로 선도가 될 수 있도록 지도해야 하기 때문에 학교폭력 예방 및 대책에 관한 법률은 학급 학생 모두의 평화와 안전을 위해서 꼭 알아두어야 합니다.

학교폭력 예방 및 대책에 관한 법률(약칭 : 학교폭력예방법), 이른바 '학폭법'이 시행된 지 꽤 오래되었고, 이 법이 있다는 것을 잘 알고 있지만 막상 실제 사안이 발생했을 때 대처하기 어려운 경우가 많습니다. 따라서 학생과 선생님 모두의 평화를 위해 학교폭력예방법에 대해 잘 알아둘 필요가 있습니다.

당신의 안전 상식은 안전합니까? 안전 상식 자가진단 ✏️

주제 : 학교폭력예방법 정식 명칭 배점 : 10점 난이도 : ★☆☆

Q1 흔히 학교폭력예방법이라고 불리는 법의 정식 명칭은 '학교폭력 ① ○○ 및 ② ○○에 관한 법률'이다. ①~②에 들어갈 말은 각각 무엇일까요?

Q2

학교폭력 사건의 정의 및 처리 과정에 관한 내용을 정확히 알고 싶을 때 관련 법률을 검색할 수 있는 사이트 이름은 '국가법령정보센터'이다.

(○ / X)

Q3

다음은 학교폭력예방법 중 선생님이 알아두면 좋은 주요 규정들입니다. 빈칸에 들어갈 말은 무엇일까요?

> · 제1조 목적
> · 제2조 정의
> · 제12조 학교폭력대책심의위원회
> · 제13조의 2항 (ㅎ ㄱ ㅈ) 자체 해결
> · 제16조, 제17조 피해 학생 및 가해 학생에 대한 조치
> · 제20조 학교폭력 신고의무
> · 제21조 비밀누설금지

Q4

다음은 학교폭력예방법 제2조 학교폭력의 정의에 대한 설명입니다. 옳은 것은 무엇일까요?

① 학교폭력은 학교 안에서 일어난 일에만 해당된다.
② 선생님을 대상으로 한 폭력행위도 학교폭력에 해당된다.
③ 학교폭력의 유형 중 공갈이란 폭행이나 협박 또는 속여서 피해 학생을 가해 학생의 실질적 지배하에 두는 것이다.
④ 학교폭력의 유형 중 상대방을 협박하여 재산상 피해를 입히는 것은 약취·유인에 해당한다.
⑤ 법에 명시된 학교폭력의 유형 이외에 이와 비슷한 행위에 의해서 학생에게 신체적·정신적 또는 재산상의 피해를 수반하는 행위라면 학교폭력에 해당될 수 있다.

Q5 다음은 학교폭력예방법에서 규정하고 있는 따돌림의 정의입니다. 틀린 부분을 **모두** 찾아 바르게 고쳐 보세요.

> '따돌림'이란 학교 내외에서 1명 이상의 학생이 특정인이나 특정 집단의 학생들을 대상으로 일시적이거나 일회성으로 신체적 또는 심리적 공격을 가하여 상대방이 고통을 느끼도록 하는 일체의 행위를 말한다.

Q6 최근에 많이 발생하는 학교폭력 유형으로 인터넷, 휴대전화 등 정보통신기기를 이용하여 지속적, 반복적으로 심리적 공격을 가하거나 특정 학생과 관련된 개인정보 또는 허위사실을 유포하여 상대방이 고통을 느끼도록 하는 일체의 행위를 말하는 용어는 무엇일까요? (6글자)

뒷장의 정답을 보고 자신의 안전 상식 점수를 확인해 보세요. 틀린 문항에 재도전하여 놓치고 있던 안전 상식을 꼭! 기억하기 바랍니다.

나의 안전 상식 점수

/ 100점

Q1

정답 : 예방, 대책

해설 : 흔히 학교폭력예방법이라고 불리는 법의 정식 명칭은 '학교폭력 예방 및 대책에 관한 법률'입니다. 법률 이름이 대부분 길기 때문에 줄여서 사용합니다.

Q2

정답 : ○

해설 : 국가법령정보센터 홈페이지 주소는 'www.law.go.kr'입니다. 쉽게 법이 영어로 law이므로 'law.go.kr'로 기억하면 좋습니다. 국가법령정보센터 홈페이지에서 모든 법령 검색이 가능하므로 학교 생활 전반에 관련된 법률이 궁금할 때는 해당 법령을 검색해 보면 됩니다.

> 💡 추가 꿀팁 정보
>
> 경기도교육청 홈페이지의 '학교 안전' – '학교폭력' 메뉴와 에듀넷 티클리어의 '교육정책' – '도란도란 학교폭력예방' 메뉴에서 선생님들이 참고할 만한 사안 처리 절차, 학교폭력 예방 교육 등의 정보를 얻을 수 있습니다.

Q3

정답 : 학교장

해설 : 피해 학생 및 그 보호자가 학교폭력심의위원회 개최를 원하지 않고, 사안 자체가 경미한 학교폭력이라고 볼 수 있는 4가지 조건을 모두 충족한다면, 교육지원청의 학교폭력대책심의위원회를 열지 않고 학교장은 학교폭력을 자체적으로 해결할 수 있습니다.

Q4 정답 : ⑤

해설 : ① 학교폭력예방법에 의하면 학교 내외에서라고 규정하기 때문에 장소에 구애받지 않습니다.

② 학생을 대상으로 발생한 것만 학교폭력에 해당되기 때문에 선생님을 대상으로 한 폭력행위는 교육활동 침해 행위로 따로 구분됩니다.

③번과 ④번은 서로 내용이 바뀌어 있습니다.

- 공갈 : 상대방을 협박하여 재산상 피해를 입히는 것

- 약취, 유인 : 폭행이나 협박 또는 속여서 피해 학생을 가해 학생의 실질적 지배하에 두는 것

⑤ 학교폭력에 대한 정의를 보면 '각종 유형 등에 의하여'라고 규정하고 있기 때문에 학교폭력예방법 제2조에 나열된 것뿐만 아니라 이와 비슷한 행위에 의해서 피해 학생에게 신체적, 정신적 또는 재산상의 피해를 준다면 학교폭력에 해당될 수 있습니다. 실제 판례에서도 반드시 법에 나열된 행위에만 한정되지 않고, 유사하거나 동질의 행위로 인해 피해 학생이 괴롭힘의 고통을 느꼈다면 학교폭력에 해당된다고 판단하고 있습니다.

💡 추가 꿀팁 정보

학교에서 학교폭력 관련 사안이 일어나 상담을 하거나 학교폭력 예방 교육을 하다 보면 많은 학생들이 학교폭력의 정의를 정확히 알지 못하는 경우가 많습니다. 학기 초 학급 세우기 활동 또는 학교폭력 예방 교육 시 학교폭력의 정의를 정확하게 교육한다면 학생들의 무지에 의하여 벌어지는 많은 사고를 예방하는 효과가 있습니다.

Q5 정답 : '따돌림'이란 학교 내외에서 2명 이상의 학생이 특정인이나 특정 집단의 학생들을 대상으로 지속적이거나 반복적으로 신체적 또는 심리적 공격을 가하여 상대방이 고통을 느끼도록 하는 일체의 행위를 말합니다. (학교폭력예방법 제2조 제1의2호)

해설 : '따돌림'에 대하여 학교폭력예방법은 '2명 이상의 학생이 지속적으로 특정인이나 특정 집단학생들을 괴롭히는 것'으로 정의하고 있습니다. 이에 의하면 '따돌림'은 2명 이상의 학생이 무리를 지어 따돌림을 일삼는 경우이며, 지속적이거나 반복적이라는 것이 전제이기 때문에 만약 '딱 한 번만' 이런 일이 있었다면 학교폭력예방법상 따돌림에 해당하지 않을 수 있습니다.

추가 꿀팁 정보

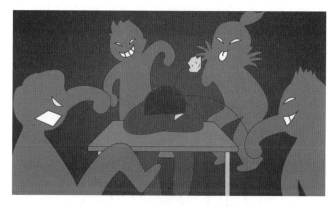

1. 따돌림 사안은 대처하기 어려운 점이 있습니다. 학급에서 한 친구가 따돌림의 대상이 되면 다른 친구들도 따돌림의 대상이 된 친구와 어울리기를 꺼려하면서 상황이 더욱 악화될 수 있습니다. 함께 잘 어울리던 친구들 무리에서 발생하는 경우도 있어서 피해 학생이 굉장히 공포감을 느끼고 위축되기 때문에 혹시 이런 일이 있는지 잘 살펴봐야 합니다.
2. 학생들을 지도하다 보면 학교폭력에 해당하지 않는 사안임에도 불구하고 학생이나 학부모가 학교폭력 신고를 원하는 경우가 있습니다. 따라서 사전에 학교폭력에 해당하는 경우를 미리 교육하거나 안내하여 혼선이 없도록 하는 것이 중요합니다.
3. 학교폭력에 해당하지는 않지만 학생들이 또래 관계에 대한 어려움을 겪고 있다면 회복적 생활교육을 활용한 상담, 또래 상담, 동아리(다모임), 그림책 교육, 인성 교육, 마니또, 문제해결계획서, 학급회의, 놀이 등 다양한 학급경영 방식을 통해 함께 해결해 나갈 수 있습니다.

정답 : 사이버 따돌림

해설 : 학교폭력예방법 제2조 제1의3호에서 규정된 '사이버 따돌림'에 대한 설명입니다. 요즘에 많이 발생하는 유형으로서, 인터넷이나 스마트폰으로 다른 학생을 괴롭히거나 개인정보, 허위사실을 유포해서 고통을 주는 행위까지 포함됩니다.

학생들의 스마트폰 보유율과 사용률이 높아지면서 사이버 따돌림역시 발생 빈도가 높습니다. 특히, 시간과 장소의 구애 없이 발생할수 있으며, 폭언이나 욕설뿐만 아니라 돈이나 물품을 요구하면서 괴롭히는 유형으로도 번질 수 있는 특징이 있습니다.

이와 같이 사이버 따돌림이나 사이버 학교폭력의 빈도가 잦아지고있는 상황이므로 세심한 관찰과 지도가 필요합니다.

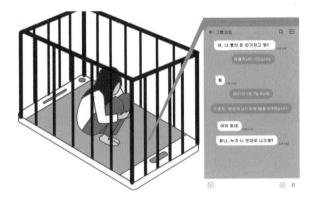

추가 꿀팁 정보

사이버상에서의 또래 관계가 중요해지고, 원격학습이 보편화되면서 온라인을 매개체로 한 또래 관계 형성이 늘어나고 있습니다. 따라서 이와 관련된 법령을 잘 알아둘 필요가 있습니다. 또한, 학생이나 학부모에게도 이러한 유형을 강조하여 교육하는 것이 중요합니다. 문제 발생 후 대처도 중요하지만 예방 차원에서 사이버 따돌림에 대해 교육한다면, 학생들 간 문제가 발생할 확률이 줄어듭니다. 고학년 학생 대상으로 교육 시, '사이버폭력 백신'이라는 앱으로 이를 직접 체험해 보면서 이 문제의 심각성에 대해 이야기 나누어 볼 수 있습니다(안드로이드 운영체제만 가능). 또한 유튜브 영상을 통해 간접 체험으로도 지도할 수 있습니다.

안전 Talk Talk 이나연 변호사 Says

학교폭력 예방 및 대책에 관한 법률에서는 학교폭력을 굉장히 넓게 정의하고 있습니다. 즉, 학생이 신체적, 정신적, 재산상 피해를 입거나 힘들어 하는 경우라면 모두 학교폭력에 해당할 수 있습니다. 따라서 그냥 장난으로 하는 행위일지라도 그 장난의 상대가 되는 친구가 힘들어 하고 고통을 받는 일이 지속된다면 이는 학교폭력에 해당할 수 있습니다.

사소한 장난으로 생각될 수 있더라도 이로 인해 힘들어 하는 학생에게는 장난이 아닌 괴롭힘으로 느껴지고, 정신적 고통이 수반된다면 학교폭력이 성립될 수 있음을 기억해야 합니다. 또한, 학생들이 무심코 치는 장난으로 상처를 주거나 받는 일이 없도록 관심을 가지고 관찰할 필요가 있습니다.

'학교폭력',
절차를 알면 두렵지 않아요

아니, 이런 사건이?

저희 반 학생인 철수와 훈이가 사소한 문제로 언쟁을 벌이는 일이 있었습니다. 그런데 철수가 순간 화를 참지 못하고 훈이를 밀치는 바람에 훈이의 볼이 살짝 긁혔습니다. 제가 이 사실을 알게 된 즉시 상황을 살펴 보호자에게 연락을 드렸고, 다행히 상처가 크지는 않아서 잘 해결될 수 있을 것이라고 생각했습니다. 하지만 다음 날 출근하니 양쪽 부모님 모두 저에게 전화

를 해서 '학교폭력위원회를 하려면 어떻게 해야 되냐?', '신문에서 보니 학교폭력 처리 절차가 바뀌었다는데 그게 뭐냐?', '전체 과정이 어떻게 되느냐?'는 등 온갖 질문이 쏟아졌습니다.

저도 막상 이런 질문들이 쏟아지니 답변이 막막하고, 제가 절차를 제대로 알고 있는 것인지 잘 모르겠습니다. 그리고 이를 잘못 안내해서 민원이 발생하면 어쩌나 걱정되기도 합니다. 학교폭력 절차에 대해 제가 잘 알고 있는지 다시 한 번 체크해 보고 싶습니다.

예방 교육의 필요성

학생들 간의 다툼이 원만히 해결되기도 하지만, 보호자가 이를 학교폭력위원회를 통해 처리하고 싶어하는 경우도 많습니다. 이때 절차가 어떻게 되는지, 그렇게 하면 어떤 처분을 받을 수 있는지, 잘 해결할 수 있는 방법이 없는지 등 여러 질문을 받게 되면 자신이 알고 있는 것이 맞는지, 맞게 답변을 한 것인지 걱정이 됩니다. 따라서 학교폭력 사안 처리 절차를 점검해 보면 답변에 많은 도움이 될 것입니다.

당신의 안전 상식은 안전합니까? 안전 상식 자가진단

주제 : 학교폭력 사안 처리 절차　배점 : 10점　난이도 : ★☆☆

다음은 사소한 사안도 무조건 학교폭력대책자치위원회를 개최해야만 했던 상황에서 발생한 여러 부작용으로 인해 개정된 학교폭력예방법에서 변경된 2가지 내용입니다. 빈칸에 들어갈 알맞은 말은 각각 무엇일까요?

① ( ) 자체 해결 도입

② 위에서 해결되지 않은 사안의 경우 학교가 아닌 ( )에서 '학교폭력대책심의위원회'를 개최

주제 : 학교장 자체 해결 배점 : 20점 난이도 : ★★☆

Q2 학교장 자체 해결은 발생한 학교폭력 사안이 경미한 경우, 피해 학생 및 그 보호자가 학교폭력대책심의위원회 개최를 원하지 않는 경우의 2가지 요건이 충족되면 학교장이 학교폭력 사안을 자체적으로 해결할 수 있도록 도입된 방법입니다. 다음 중 학교폭력 사안이 경미한 경우로 바르지 **않은** 것은 무엇일까요?

① 학교폭력이 지속적이지 않은 경우

② 재산상 피해가 없거나 즉각 복구된 경우

③ 학교폭력에 대한 신고, 진술, 자료 제공 등에 대한 보복행위가 아닌 경우

④ 4주 이상의 신체적 치료만을 요하는 진단서를 발급받지 않은 경우

주제 : 학교폭력대책심의위원회 배점 : 10점 난이도 : ★☆☆

Q3 '교육청' 학교폭력대책심의위원회의 역할은 학교폭력 사안을 인지하고 그 내용을 파악한 후, 가·피해 학생 및 보호자, 참고인으로 학교 관계자 등을 출석시켜 각 의견을 듣고 학교폭력에 해당하는지 여부를 판단하고, 학교폭력에 해당한다면 피해 학생에 대한 보호 조치와 가해 학생에 대한 선도 조치를 내리는 것이다.

(O / X)

주제 : 피해 학생에 대한 보호 조치 배점 : 20점 난이도 : ★★☆

Q4 학교폭력예방법 제16조 제1항 각 호에 따라 피해 학생에게는 여러 보호 조치가 이루어질 수 있습니다. 법에 명시된 보호 조치 중 옳지 **않은** 것은 무엇일까요?

① 학내외 전문가에 의한 심리상담 및 조언

② 일시보호

③ 치료 및 치료를 위한 요양

④ 학급 교체

⑤ 전학

주제 : 피해 학생에 대한 보호 조치　배점 : 10점　난이도 : ★☆☆

 Q5

피해 학생이 학교폭력예방법 제16조 1호부터 제3호(학내외 전문가에 의한 심리상담 및 조언, 일시보호, 치료 및 치료를 위한 요양) 조치에 따라 상담 등을 받을 때 사용되는 비용은 무조건 가해 학생의 보호자가 부담한다.

(○ / X)

주제 : 가해 학생에 대한 선도 조치　배점 : 20점　난이도 : ★★☆

 Q6

초등학교에서 이루어질 수 있는 가해 학생에 대한 선도 조치 중 가장 무거운 처분은 무엇일까요?

① 학내외 전문가에 의한 특별 교육이수 또는 심리치료

② 출석 정지

③ 학급 교체

④ 전학

⑤ 퇴학

주제 : 가해 학생에 대한 선도 조치　배점 : 10점　난이도 : ★☆☆

Q7

학교폭력예방법 제17조 제10항에 의하여 가해 학생이 다른 학교로 전학을 가게 되면, 전학 전의 피해 학생이 다니는 학교로 다시 전학 올 수 없다.

(○ / X)

뒷장의 정답을 보고 자신의 안전 상식 점수를 확인해 보세요. 틀린 문항에 재도전하여 놓치고 있던 안전 상식을 꼭! 기억하기 바랍니다.

나의 안전 상식 점수

/ 100점

Q1

정답 : 학교장, 교육지원청

해설 : 기존에는 당사자 모두 원치 않는 경미한 경우에도 원칙적으로 학교마다 설치된 학교폭력대책자치위원회를 통해 사안을 처리해야 했습니다. 이러한 과정에서 양쪽 관련 학생 측의 방어적이거나 공격적인 태도로 인해 서로에 대한 오해와 갈등이 가중될 수 있고, 이로 인해 선생님이나 학교의 입장도 오히려 어려워지는 경우가 많았습니다. 이러한 부분을 반영하여 최근 개정된 학교폭력예방법에서는 ① **학교장 자체 해결을 도입하고, ② 학교장 자체 해결이 되지 않은 사안의 경우 학교가 아닌 교육지원청에서 '학교폭력대책심의위원회'를 개최하여 학교폭력 사안을 심의하도록 규정하고 있습니다.**

Q2

정답 : ④

해설 : 학교폭력대책심의위원회를 개최하지 않고 학교장이 자체 해결할 수 있는, 학교폭력 사안이 경미한 상황은 다음 4가지의 요건을 모두 충족한 경우입니다.

① 2주 이상의 신체적·정신적 치료를 요하는 진단서를 발급받지 않은 경우
② 재산상 피해가 없거나 즉각 복구된 경우
③ 학교폭력이 지속적이지 않은 경우
④ 학교폭력에 대한 신고, 진술, 자료 제공 등에 대한 보복행위가 아닌 경우

가장 큰 전제가 피해 학생 및 그 보호자가 학교폭력대책심의위원회의 개최를 원하지 않아야 하기 때문에 학교폭력 자체가 경미한 사안의 4가지 요건을 모두 충족했더라도 피해 학생 및 그 보호자가 학교폭력대책심의위원회의 개최를 원하는 경우에는 열리게 됩니다.

Q3 정답 : X

해설 : 기존에는 학교의 교원, 학부모 등으로 구성되어 학교에 설치된 학교폭력대책심의위원회에서 학교폭력 사안을 심의하여 처분을 내렸지만, 이제는 이러한 심의 자체를 각 교육지원청으로 옮겨 교육지원청의 학교폭력대책심의위원회에서 사안을 심의하고, 학생들에 대한 각종 처분을 내리게 되었습니다.

하지만 여전히 학교폭력 사안을 인지하고 그 내용을 파악하는 것은 학교에서 이루어집니다. 학교폭력대책심의위원회에서는 이 내용을 가지고 가·피해 학생 및 보호자, 참고인 등을 출석시켜 각 의견을 듣고 학교폭력에 해당하는지 여부를 판단하고, 피해 학생에 대한 보호 조치와 가해 학생에 대한 선도 조치를 내리게 됩니다.

따라서 학교의 역할은 학교폭력 사안의 인지 및 조사 단계에 집중되어 있으며, 이를 기반으로 하여 학생에게 어떤 조치를 내릴 것인지는 학교가 아닌 학교폭력대책심의위원회의 심의를 거쳐 교육장이 결정하게 됩니다. 이러한 조치 결과에 불복하고자 하는 당사자는 학교에 민원을 넣어 해결하는 것이 아닌, 교육장의 처분에 대하여 행정심판이나 소송을 제기하여 다투어야 합니다.

Q4

정답 : ⑤

해설 : 피해 학생 보호 조치로서의 전학은 2012년 3월 21일에 삭제되었습니다. 예전에는 학교폭력 피해 학생에 대한 보호 조치로 포함되어 있었는데, 피해 학생이 전학을 가도록 하는 것은 적절한 보호 조치가 아니라는 의견 등을 반영하여 삭제되었고, **현재의 전학 조치는 가해 학생에게 내려지는 조치로만 존재합니다.**

Q5

정답 : X

해설 : 피해 학생이 학교폭력예방법 제16조 제1호부터 제3호까지 조치에 따라 상담 등을 받을 때 사용되는 비용은 가해 학생의 보호자가 부담하도록 되어 있습니다. 하지만 **상황에 따라 신속한 치료가 필요하고 학교의 장 또는 피해 학생의 보호자가 원하는 경우에는 학교안전공제회를 통해 비용을 받을 수 있습니다.** (학교폭력예방법 제16조 제6항) 참고로, 피해 학생 보호 조치는 피해 학생의 보호자의 동의를 받아 조치가 가능합니다. (학교폭력예방법 제16조 제3항)

Q6

정답 : ④

해설 : 학교폭력예방법 제17조 제1항 각 호에 따라 가해 학생에게 다음과 같은 조치를 내릴 수 있습니다.

1. 피해 학생에 대한 서면사과
2. 피해 학생 및 신고·고발 학생에 대한 접촉, 협박 및 보복행위의 금지
3. 학교에서의 봉사
4. 사회봉사
5. 학내외 전문가에 의한 특별 교육이수 또는 심리치료
6. 출석 정지
7. 학급 교체
8. 전학
9. 퇴학 처분

단, 초등학생과 중학생은 의무교육과정이기 때문에 퇴학 처분이 불가하여 전학이 사실상 가장 무거운 처분입니다. 학교폭력예방법 제17조 제8호의 전학은 사실상 강제 전학이기 때문에 해당 조치를 받은 가해 학생의 학교장 요청에 따라 교육감 또는 교육장이 가해 학생이 전학 갈 학교를 배정해야 합니다. (학교폭력예방법 시행령 제20조 제3항)

참고로, 서면사과를 제외한 조치를 받은 학생이 조치를 거부하거나 기피하는 경우, 심의위원회는 추가로 다른 조치를 할 것을 교육장에게 요청할 수 있습니다. (학교폭력예방법 제17조 제11항) 서면사과가 제외되는 이유는, 사과는 하는 사람의 양심에 의한 부분이어서 징계를 통해 이를 강제할 수 없는 측면이 있기 때문입니다.

Q7

정답 : ○

해설 : 학교폭력예방법 제17조 제10항에 의하여 **가해 학생이 다른 학교로 전학을 가게 되면, 전학 전의 피해 학생이 다니는 학교로 다시 전학 올 수 없도록 하여야 한다고 규정되어 있습니다.**

안전 Talk Talk 💬   이나연 변호사 Says

학교폭력 예방 및 대책에 관한 법률은 피해 학생을 보호하고 가해 학생을 선도하기 위한 절차와 각종 조치에 대하여 자세히 규정하고 있습니다. 기존에는 모든 사안을 각 학교에 설치된 학교폭력대책자치위원회를 열어 해결하였는데, 학생들 사이에 화해와 용서가 있었음에도 위원회를 열어야만 하는 과정에서 오해와 불신이 심해지기도 하였습니다. 이러한 점을 보완하여 학교장 자체 해결 절차가 도입되었고, 여기에서 해결되지 않는 사안은 학교가 아닌 각 교육지원청에 설치된 학교폭력대책심의위원회에서 심의하여 피해 학생에 대한 보호 조치와 가해 학생에 대한 선도 조치를 결정하고 있습니다.

이와 같은 학교폭력 사안 처리 절차가 생소하고 복잡하여 학교폭력 사안을 만나는 것만으로도 걱정과 부담이 될 수 있습니다. 그럴 때 학교폭력예방법의 내용을 자세히 살펴보면 관련 내용이 구체적으로 규정되어 있기 때문에 사안 해결 과정에 대한 두려움이나 불안함을 해소하고, 자신감을 올려주는 데 큰 도움이 됩니다.

학교폭력 사안 처리 시
유의 사항

아니, 이런 사건이?

○○초등학교 5학년 1반에서 철수와 영수 사이에 학교폭력 사안이 발생하였습니다. 저는 사실 관계를 파악하기 위해 관련 학생 및 보호자와 상담을 하게 되었습니다. 그런데 가해 학생으로 지목받은 철수 아버지가 '철수는 억울하다.', '피해 학생이라고 주장하는 영수는 평상시에 거짓말을 잘하는 아이일 것이다.'라는 말씀만 계속하였습니다. 이에 저도 모르게 욱하는 마음

에 '아무것도 모르시면서 막말하지 마세요. 영수는 그런 아이가 아닙니다.' 라고 말하고 말았습니다.

예상대로 철수의 아버지는 '역시 선생님이 우리 철수만 미워해서 그런 거였다. 나도 가만히 있지 않겠다.'며 화만 내고 돌아가셨습니다. 철수 아버지가 잔뜩 트집을 잡거나 민원을 넣을 것 같아 가슴이 답답합니다. 학교폭력 사안 처리를 할 때 유의할 사항이 있다면 미리 알아두고 싶습니다.

예방 교육의 필요성

위와 같은 상황은 실제 있을 수 있는 사안이기도 하고, 선생님들이 항상 고민했던 부분이기도 합니다. 실제로 선생님들이 학교폭력 사안 해결 과정의 내용 자체보다는 사안 처리 진행 과정 중 부가적으로 제기되는 각종 민원 때문에 더 고충을 느끼는 경우가 많습니다. 따라서 학교폭력대책 매뉴얼의 내용 중심으로 학교폭력 사안 해결 중 유의 사항에 대해 알아두어야 합니다.

당신의 안전 상식은 안전합니까? 안전 상식 자가진단

주제 : 학교폭력 사안 처리 태도   배점 : 10점   난이도 : ★☆☆

Q1 학교폭력 사안이 복잡하고, 누가 피해 학생이고 가해 학생인지 여부를 분명히 알 수 없거나 이에 대한 양측의 주장이 팽팽한 경우, 사안에 대한 결정이 있기 전까지는 (ㄱㄹ) 학생이라는 용어를 사용하는 것도 좋은 방법입니다. 빈칸에 들어갈 낱말은 무엇일까요?

Q2
가해 학생의 보호자에게는 보호자의 상황과 심정에 대한 이해와 공감보다는 사건에 대한 정확한 인지와 사안 처리 절차에 대한 안내만 이루어지면 된다.

(○ / X)

Q3
다음은 A선생님의 학교폭력 사안 처리 과정입니다. A선생님이 **잘못** 처리한 행동을 <u>모두</u> 찾아보세요.

> A선생님은 학교폭력 관련 학생인 B학생과 C학생을 연구실에 모아 놓고 두 학생의 진술을 모두 들었다.
>
> A선생님 : 그런 일이 있었구나. 그래, 우리 서로 사과하고 너그럽게 용서해볼까?
> B학생 　 : 못하겠어요.
> C학생 　 : 저는 잘못이 없어요.
> A선생님 : 그러지 말고 둘이 빨리 악수하고 화해해!

Q4
다음은 A선생님의 학교폭력 사안 처리 과정입니다. A선생님이 **잘못** 처리한 행동을 찾아 바르게 고쳐 보세요.

> 5교시 쉬는 시간, 갑자기 B학생이 C학생으로부터 학교폭력을 당하고 있다는 사실을 A선생님에게 털어놓았다. A선생님은 6교시 수업이 시작되자, 학생들에게 자습하라고 한 뒤 연구실에서 B학생과 이야기를 나누었다.

Q5
학교폭력 사안 처리 시 관련 학생 및 보호자에게 반드시 (ㅇㄱ ㅈㅅ)의 기회를 제공해야 합니다. 빈칸에 들어갈 알맞은 말은 무엇일까요?

Q6

성범죄 관련 사안을 인지한 경우 예외 없이 취해야 할 조치는 무엇일까요?

뒷장의 정답을 보고 자신의 안전 상식 점수를 확인해 보세요. 틀린 문항에 재도전하여 놓치고 있던 안전 상식을 꼭! 기억하기 바랍니다.

나의 안전 상식 점수

/ 100점

Q1

정답 : 관련

해설 : 누가 가해 학생인지 피해 학생인지에 대하여 양 당사자 측의 의견이 일치하기도 하지만 양측의 주장이 팽팽히 대립되는 경우가 있습니다.

이때 선생님은 중간 입장에서 사안에 접근해야 합니다. 사안 전달 과정에서 선생님이 무심코 쓴 호칭, 표현에 대해 학생 측에서 처리 과정이 불공정하다고 생각해 민원을 제기할 수 있습니다.

따라서 사안에 대한 설명 단계에서 양 당사자 측의 의견 대립이 팽팽한 경우 '관련 학생' 등과 같은 중립적인 호칭을 사용하여 선생님이 해당 사안을 중립적, 객관적으로 처리하고 있음을 알려줘야 합니다.

Q2

정답 : ✕

해설 : 학생과 학부모의 상황과 심정에 대한 이해 및 공감을 통해 신뢰를 형성하는 것도 정확한 사안 처리만큼이나 중요합니다. 피해 학생 측은 물론 가해 학생과 학부모 역시 굉장히 당황스럽고 막막한 동시에, 본능적으로 자녀의 보호를 위해 방어적인 태도를 보일 확률이 높습니다.

이때 이러한 심정을 이해하고 공감해 주는 것이 큰 역할을 합니다. 선생님이 이해와 공감을 보이는 모습에 사안 진행 과정에 대한 보호자의 신뢰가 높아져서 원만한 해결에도 큰 도움이 됩니다.

Q3 정답 : 두 학생을 모두 불러 한 공간에서 사안을 조사한 점, 사건을 축소·은
폐하거나 성급하게 화해를 종용한 점

해설 : 학교폭력 사안 조사 시에는 관련 학생들이나 목격한 참고인 등이 외
부의 영향을 받지 않고 자유롭고 객관적인 진술을 할 수 있도록 분
리하여 조사하는 것이 원칙입니다. 또한, 사안을 축소·은폐하거나 성
급하게 화해를 종용하지 않도록 해야 합니다.

학생 양쪽의 진술이나 상황을 종합적으로 판단했을 때, 명백히 학교
폭력 사안임을 인지하였음에도 불구하고 선생님이 보기에 경미한
사안이라고 생각하여 이를 정식 절차대로 진행하지 않거나 임의적
으로 학교폭력이 아닌 것으로 판단하여 종결해버리는 경우에는 축
소·은폐에 해당될 여지가 있으므로 유의해야 합니다.

특히, 당사자 간의 충분한 사과, 용서, 화해의 과정이 있었다는 것에
양측 모두 동의하지 못하는 상황에서 성급하게 화해할 것을 권유하
고 사안을 마무리하고자 하는 것은 화해를 종용하는 것으로 판단
될 여지가 있음을 주의해야 합니다.

Q4 정답 : 수업시간에 사안 조사를 했다. → 6교시 후 B학생과 방과후에 이야기를 나누었다.

해설 : 학교폭력 사안 조사는 가능한 한 수업시간 이외의 시간을 활용하고, 부득이하게 수업시간을 이용할 경우에는 별도의 학습기회를 제공해야 합니다. 학교에서 학생이 보장받아야 할 가장 중요한 부분 중 하나는 학생의 학습권입니다. 따라서 가능한 한 수업시간 이외의 시간을 활용하여 사안 조사가 이루어져야 합니다. 하지만 학교의 많은 일정상 부득이하게 수업시간에 사안 조사가 이루어질 수밖에 없을 때에는 사안 조사에 사용되는 시간을 최소화할 필요가 있습니다. 또한, 사안 조사에 사용된 시간이 학습 결손으로 이어지지 않도록 학습기회를 제공해야 합니다.

Q5 정답 : 의견 진술

해설 : 관련 학생 및 보호자에게 반드시 충분한 의견 진술의 기회를 제공해야 합니다. 사안 처리에 있어 의견 진술 기회는 관련 학생 모두에게 반드시 공평하게 제공해야 합니다. 특히, 아직 나이가 어린 학생의 경우 보호자가 학생을 보호할 수 있도록 충분한 의견 진술의 기회를 제공해야 합니다. 의견 진술의 기회(의견진술권)를 제대로 보장하기 위해서는 학교에서 발생한 사안에 대하여 정확하고 신속하게 알려주어야 합니다.

정답 : 수사기관에 즉시 신고해야 합니다.

해설 : 학교에는 3가지 사안에 대한 신고의무가 있는데, 바로 아동학대, 가정폭력, 아동·청소년에 대한 성범죄입니다. **성범죄, 즉 성추행이나 성폭행 사안이 학생에게 발생한 것을 학교폭력 사안의 경위로 알게 된 경우에도 수사기관에 신고의무를 이행해야 합니다.**

'당사자인 학생이나 보호자가 신고를 거부하거나 괜찮다고 하는 경우에도 신고를 해야 하나?' 고민이 될 수 있습니다. 그러나 관련법에 의하면 당사자의 의사에 따라 신고의무자의 신고의무가 없어지는 것이 아니기 때문에 당사자의 의사와 무관하게 일단 신고를 하는 것이 원칙입니다.

안전 Talk Talk 💬

이나연 변호사 Says

학교폭력 사안을 처리하는 과정 자체에 어려움도 있지만, 이러한 과정에 대한 민원이 발생하면 그 어려움이 몇 배가 되기도 합니다. 특히, 학교폭력 사안이 잘 처리되지 않을 수 있다는 보호자의 불안이나 불만에서 민원이 발생되는 경우가 많습니다. 따라서 학생 보호자와의 충분한 소통과 공감을 통한 신뢰 형성이 사안 해결에 큰 도움이 됩니다.

학교폭력 사안 처리 과정에서도 학생의 학습권과 인권을 존중해야 한다는 것을 기억하여 객관적이고 공정하게 처리하는 모습으로 신뢰를 형성해야 합니다. 무엇보다도 관련 법령과 매뉴얼에 의한 사안 처리 원칙과 절차를 지킨다면, 그 어떤 민원이 제기된다고 하더라도 보호받을 수 있다는 점도 기억하기 바랍니다.

선생님 마음에 안전을!
'교원지위법' 알아보기

아니, 이런 사건이?

올해 저는 고학년 담임을 맡게 되었습니다. 긴장도 되었지만, 저학년보다 의젓한 학생들의 모습을 보며 흐뭇한 순간도 많습니다. 하지만 벌써 사춘기에 접어든 학생이 몇몇 보이기도 합니다. 그래도 학생 눈높이에서 상황을 이해하려고 많이 노력하고 있습니다.

그런데 어제는 정말 힘들고 답답한 하루였습니다. 우리 반 학생이 담임인

저는 물론, 다른 모든 선생님의 지도를 거부하면서 점점 난폭한 행동을 하고, 혼잣말인 척 욕설을 입에 담기도 하였습니다. 결국 보호자에게 상황을 이야기하고, 가정 내 지도를 부탁드렸습니다. 그런데 보호자는 오히려 '아니, 선생님이라면 당연히 모두 참고 학생을 지도해야 하는 것 아니냐'는 말을 하며 큰소리만 치니 황당하고 속상하기도 하여 '선생님을 보호해줄 수 있는 법은 없는 걸까?'라는 생각이 들었습니다. 선생님을 지켜줄 수 있는 법률, 어디 없나요?

예방 교육의 필요성

법률이 딱딱한 면도 있긴 하지만, 실제 나와 관련된 문제가 생겼을 때 나를 지켜줄 수 있다면 굉장히 다르게 느껴지기도 합니다. 이는 비가 올 때 나를 지켜줄 우산에 비유할 수 있습니다. '교원의 지위 향상 및 교육활동 보호를 위한 특별법'은 힘든 상황에서 선생님을 지켜줄 우산이 될 것입니다. 이 법은 줄여서 교원지위법이라고 합니다. 선생님을 지켜줄 수 있는 교원지위법, 꼭 알아두어야겠죠?

당신의 안전 상식은 안전합니까? 안전 상식 자가진단

주제 : 교사의 교육활동 침해 보호   배점 : 10점   난이도 : ★☆☆

선생님의 교육활동 중 폭행, 욕설 등과 같은 교육활동 침해 행위를 받게 된 경우 가장 우선하여 적용되는 법을 (ㄱㅇㅈㅇ)법이라고 합니다. 빈칸에 들어갈 말은 무엇일까요?

Q2 교원지위법의 교육활동 보호를 위한 주요 내용으로, ① 교육활동 침해 행위가 무엇인지에 대한 정의, ② 피해 교원에 대한 보호 의무 및 보호 조치 규정, ③ (학교 ㄱㄱㅂㅎㅇㅇㅎ)를 통해 사안을 해결할 수 있는 내용들이 규정되어 있습니다. ③에 들어갈 말은 무엇일까요?

Q3 교육활동 침해 행위를 법으로 정의한 이유 두 가지는 무엇일까요?
(각 10점)

(1) _____

(2) _____

Q4 A선생님은 소속 학교 학생의 보호자로부터 교육활동 침해 행위를 당했다. 이를 알게 된 학교장은 학생의 보호자와 충분히 면담을 한 후 보호 조치를 해야 한다.

(O / X)

Q5 교원지위법 제15조 제2항 피해 교원에 대한 보호 조치의 유형으로 법에 명시되어 있지 **않은** 것은 무엇일까요?

① 심리상담
② 조언
③ 치료
④ 치료를 위한 요양
⑤ 가해 학생 보호자와의 면담

다음은 교권보호위원회에 대한 설명입니다. 빈칸에 들어갈 알맞은 말은 각각 무엇일까요? (각 10점)

교권보호위원회는 교육활동 침해 행위에 해당하는지 여부를 심의하여 가해 학생에 대한 (ㅅㄷ) 조치를 심의할 수 있고, 피해 교원과 상대방이 동의하는 경우 교원의 교육 관련 (ㅂㅈ)을 조정하는 역할을 하는 위원회입니다. 교권보호위원회는 크게 두 가지로 나뉘어져 있는데, 모든 초등학교에 설치되어 있는 학교교권보호위원회와 시·도교육청에 설치되어있는 시·도교권보호위원회가 있습니다.
교권보호위원회는 교원 및 (ㅎㅂㅁ), 지역사회인사 등으로 5인 이상 10인 이하로 구성되는 위원회입니다.

뒷장의 정답을 보고 자신의 안전 상식 점수를 확인해 보세요. 틀린 문항에 재도전하여 놓치고 있던 안전 상식을 꼭! 기억하기 바랍니다.

나의 안전 상식 점수

/ 100점

Q1

정답 : 교원지위

해설 : 갈수록 늘어나고 심각해지는 교육활동 침해 행위로부터 정당한 교육활동과 모든 교육구성원을 보호하기 위하여 교원의 지위 향상 및 교육활동 보호를 위한 특별법이 제정되었습니다.

> 💡 추가 꿀팁 정보
>
> 교원지위법은 '특별법'으로서 민·형법과 같은 일반법보다 효력이 우선합니다. 선생님이 교육활동을 하고 있는 중에 폭행, 욕설 등과 같은 교육활동 침해 행위를 받게 된 경우 형법과 같은 일반법보다 학교 현장의 상황에 맞춘 교원지위법을 우선 적용받아 규정된 내용에 따라 학교에서 즉시 피해 교원 보호 조치를 받을 수 있습니다. 또한, 교육활동 침해 행위를 한 학생에 대한 선도 조치를 할 수 있고, 학교교권보호위원회를 통해 분쟁을 조정할 수도 있습니다.

Q2

정답 : 교권보호위원회

해설 : 교원의 정당한 교육활동에 침해 행위가 발생한 경우, 피해 교원에 대한 보호 조치, 가해 학생에 대한 선도 조치, 교육활동 관련 분쟁 조정을 위하여 교원지위법에는 학교교권보호위원회를 설치하도록 규정하고 있습니다.

Q3

정답 : 관련 사안을 객관적이고 신속하게 처리하고, 교육활동 침해 행위 판단 과정에서 2차적인 충돌이 생기는 것을 방지하기 위함입니다.

해설 : 어떤 상황이 교권침해인지 선생님 또는 학교, 사안마다 달라진다면 사안을 객관적이고 신속하게 처리하기 어렵습니다. 또한, 발생한 사안이 교육활동 침해 행위에 해당하는지 아닌지 판단 과정에서 2차적인 충돌이나 또 다른 고충이 생길 수도 있습니다. 그래서 교원지위

법을 제정하면서 다소 추상적인 '교권침해'보다 명시적·구체적으로 무엇이 '교육활동 침해 행위'인지 법률의 규정을 통해 정해서 이러한 문제를 방지하고, 신속한 조치가 가능하도록 하고 있습니다.

Q4

정답 : X

해설 : 교원지위법 제15조 제1항에 따르면, 제3항의 관할청과 유아교육법에 따른 유치원 및 초·중등교육법에 의해 학교의 장은 소속 학교의 학생 또는 그 보호자 등이 교육활동 중인 교원에 대하여 다음 각 호의 어느 하나에 해당하는 행위를 한 사실을 알게 된 경우에는 즉시 교육활동 침해 행위로 피해를 입은 교원의 치유와 교권 회복에 필요한 조치를 해야 한다고 규정되어 있습니다. 즉, 학교장은 선생님에게 교육활동 침해 행위가 발생한 것을 알게 된 경우 즉시 보호 조치를 해야 하며, 교육활동 침해 행위를 한 학생의 보호자와 충분히 면담을 거치는 과정이 반드시 수반되어야 하는 것은 아닙니다.

Q5

정답 : ⑤

해설 : 교원지위법 제15조 제2항에 따른 보호 조치의 유형은 다음 각 호와 같습니다.

　　　1. 심리상담 및 조언
　　　2. 치료 및 치료를 위한 요양
　　　3. 그 밖에 치유와 교권 회복에 필요한 조치

이처럼 교원은 교육활동 침해 행위로 피해를 입으면 여러 보호 조치를 받을 수 있습니다. 교육활동 침해 행위로 받은 신체적, 정신적 피해를 피해 교원 혼자 감내하고 참기보다는 피해 교원을 적극적으로 보호하고, 치유와 회복에 필요한 조치가 이루어지도록 해야 합니다.

⚠️ **추가 꿀팁 정보**

최근에는 각 시·도교육청에 선생님의 교육활동 보호와 지원을 위한 여러 프로그램이나 교원치유지원센터 등이 구축되어 있으므로 이를 적극적으로 활용하는 것도 좋은 방법입니다.

Q6

정답 : 선도, 분쟁, 학부모

해설 : **교권보호위원회는 교육활동 침해 행위에 해당하는지 여부를 심의하여 가해 학생에 대한 선도 조치를 심의할 수 있고, 피해 교원과 상대방이 동의하는 경우 교원의 교육 관련 분쟁을 조정하는 역할을 합니다.** 교권보호위원회는 크게 두 가지로 나뉘어져 있는데, 모든 각급 학교에 설치되어 있는 학교교권보호위원회와 시·도교육청에 설치되어 있는 시·도교권보호위원회가 있습니다. 교권보호위원회는 교원 및 학부모, 지역사회인사 등으로 5인 이상 10인 이하로 구성됩니다.

최근 교원지위법이 개정되면서 기존에 학교생활선도위원회에서 학생의 징계를 심의하였던 것과는 달리 학교교권보호위원회에서 바로 교육활동 침해 행위 학생에 대한 선도 조치를 심의하도록 권한이 강화되었습니다. 교육청에 설치되어 있는 시·도교권보호위원회는 학교교권보호위원회에서 해결되지 않은 사안을 다시 한 번 조정해볼 수 있는 기구입니다.

안전 Talk Talk 💬 　　　　　　　　　　이나연 변호사 Says

교육활동 침해 행위는 선생님에게 매우 큰 충격과 상처를 줍니다. 선생님뿐만이 아니라 선생님과 함께 영향을 주고받는 학생, 보호자, 동료 선생님 등 교육공동체 모두에게 부정적인 영향을 주는 사안입니다. 이러한 교육활동 침해 행위로부터 교원의 정당한 교육활동을 보호하기 위하여 '교원의 지위 향상 및 교육활동 보호를 위한 특별법'이 제정되었습니다. 교원지위법에서는 교원에게 교육활동 침해 행위가 발생하였을 경우 피해 교원에 대한 보호 조치 의무를 규정하고 있고, 교권보호위원회를 설치하여 교원의 정당한 교육활동을 보호하고 있습니다. 따라서 교육활동 침해 행위로 인한 신체적, 정신적 피해와 고충이 생긴 경우에는 혼자 힘들어하지 말고 이를 잘 활용하기 바랍니다.

정말 고민되는
교육활동 침해 행위란?

아니, 이런 사건이?

오늘 수업을 하는 도중, 철수가 수업시간인데도 책도 펴지 않고 다른 학생과 계속 떠들어서 지도를 했습니다. 그랬더니 철수가 온갖 짜증이 난다는 표정과 함께 반 아이들에게도 모두 들릴 정도로 "아이~씨."라고 하였습니다. 저는 순간 가슴이 철렁 내려앉았지만, 철수에게 그런 말을 하면 안 된다고 타이르니 철수도 바로 반성을 해서 교실에서 상황은 마무리됐습니다. 하지만 한편으로

아이씨....

는 이런 문제 상황 중 '어디까지가 그냥 기분 나쁜 행동이고, 어디서부터가 교육활동 침해 행위인 걸까?'라는 고민을 하게 되더군요.

정말 부딪히고 싶지 않고, 생각하고 싶지도 않지만 법에서 말하는 교육활동 침해 행위가 무엇인지, 어떤 유형이 여기에 해당되는지 궁금합니다.

예방 교육의 필요성

예전에는 '교권침해'라는 용어가 주로 쓰였는데, 현재 교원지위법에서는 선생님의 정당한 교육활동을 침해하는 행위를 '교육활동 침해 행위'라는 용어로 사용하며 어떤 유형이 이에 해당하는지를 정하고 있습니다.

실제 선생님들이 하루에도 여러 번 '이런 건 교육활동 침해 행위인가? 아니면 그냥 지도하고 말아야 할 범위인가?' 고민하는 경우가 있습니다. 교육활동 침해 행위인 경우에는 선생님이 조치할 수 있는 범위를 넘어서서 학교교권보호위원회를 통해 선도나 분쟁 조정이 가능하다는 차이가 있습니다. 따라서 이를 알아두면 사안에 어떻게 대응할지를 결정할 수 있는 길잡이가 되어줄 것입니다.

당신의 안전 상식은 안전합니까? 안전 상식 자가진단

주제 : 교원지위법에서의 교육활동 침해 행위의 정의 배점 : 15점 난이도 : ★★☆

다음은 교원지위법에서 정의하는 교육활동 침해 행위입니다. 각 빈칸에 들어갈 말은 무엇일까요? (각 5점)

1. 형법 제2편 제25장(ㅅㅎ와 ㅍㅎ의 죄), 제30장(협박의 죄), 제33장

(명예에 관한 죄) 또는 제42장(손괴의 죄)에 해당하는 범죄 행위

2. (ㅅㅍㄹ) 범죄의 처벌 등에 관한 특례법 제2조 제1항에 따른 (ㅅㅍ ㄹ) 범죄 행위

3. 정보통신망 이용촉진 및 정보보호 등에 관한 법률 제44조의7 제1항 에 따른 (ㅂㅂㅈㅂ) 유통 행위

4. 그 밖에 교육부장관이 정하여 고시하는 행위로서 교육활동을 부당 하게 간섭하거나 제한하는 행위

주제 : 형법과 관련된 교육활동 침해 행위 배점 : 20점 난이도 : ★★☆

다음은 교육활동 침해 행위 유형에 대한 설명입니다. 각 설명에 해당하는 용어를 아래에서 골라 써 보세요. (각 5점)

명예훼손, 폭행, 모욕, 협박, 상해

1. 사람을 다치게 하여 신체의 정상적인 기능에 손상을 주는 행위 (　　)

2. 사람에게 해악을 끼칠 것을 고지하여 위협과 공포심을 느끼게 하는 행위 (　　)

3. 다른 사람들 앞에서 욕설, 비하 발언, 모욕적인 행동 등을 하는 행위 (　　)

4. 사실 또는 허위의 사실을 유포하는 행위 (　　)

주제 : 성폭력범죄의 처벌 등에 관한 특례법과 관련된 교육활동 침해 행위 배점 : 10점 난이도 : ★☆☆

교원에 대한 불법촬영물 또는 복제물을 소지·구입·저장 또는 시청하는 것 은 교육활동 침해 행위에 포함된다.

(O / X)

주제 : 정보통신망 이용 촉진 및 정보보호 등에 관한 법률 관련 교육활동 침해 행위 배점 : 10점 난이도 : ★☆☆

사람을 비방할 목적으로 공공연하게 사실을 드러내어 타인의 명예를 훼 손하는 내용의 정보를 정보통신망을 통해 유통하는 행위는 정확한 사실

을 유통한 것이기 때문에 교육활동 침해 행위에 포함되지 않는다.

(O / X)

주제 : 교육부 고시에서의 교육활동 침해 행위의 정의   배점 : 15점   난이도 : ★★☆

 다음 중 교육활동 교육활동 침해 행위 및 조치에 관한 고시 제2조(교원의 교육활동 침해 행위) 교원의 교육활동을 부당하게 간섭하거나 제한하는 행위로 알맞은 것은 무엇일까요?

① 형법 제8장(공무방해에 관한 죄) 또는 제34장 제314조(업무방해)에 해당하는 범죄 행위로 교원의 위법한 교육활동을 방해하는 행위
② 교육활동 중인 교원에게 성적 언동 등으로 성적 굴욕감 또는 혐오감을 느끼게 하는 행위
③ 교원의 정당한 교육활동에 대해 일회성으로 부당하게 간섭하는 행위
④ 그 밖에 부장교사가 교육공무원법 제43조 제1항에 위반한다고 판단하는 행위

주제 : 교육부 고시 교육활동 침해 행위 유형   배점 : 20점   난이도 : ★★☆

 다음은 A선생님이 교육활동 중 겪은 사례들입니다. 교육부 고시에 의거하여 교육활동 침해 행위에 해당하는 경우는 무엇일까요?

⊙ A선생님은 아침활동 시간마다 자신에게 와서 말을 걸거나 일을 방해하는 B학생이 귀찮고 신경이 쓰였다. 이는 교원의 정당한 교육활동을 방해하는 행위이므로 B학생이 교육활동 침해 행위를 하였다고 생각하였다.
ⓒ 수업시간 중 남성인 A선생님에게 남성인 B학생이 성적 수치심을 유발하는 낙서가 그려진 쪽지를 건네주었다. 이로 인해 A선생님은 자신이 심한 성적 불쾌감을 느꼈으므로 B학생이 교육활동 침해 행위를 하였다고 생각하였다.
ⓒ B학생의 학부모가 수업 후 A선생님에게 전화를 걸어 생활지도와 학습지도에 관한 건의사항을 이야기하였다. A선생님은 이러한 행동이 자신에 대한 교육활동 침해 행위라고 생각하였다.

PART 01

Q7 교육활동 침해 행위를 받았을 때 필요한 것 2가지는 각각 무엇일까요?
(각 5점)

1. (ㅈㄱ)를 잘 모아둔다.
2. 목격자의 (ㅈㅅㅅ)를 받아 두어 객관성을 확보한다.

뒷장의 정답을 보고 자신의 안전 상식 점수를 확인해 보세요. 틀린 문항에 재도전
하여 놓치고 있던 안전 상식을 꼭! 기억하기 바랍니다.

나의 안전 상식 점수

/ 100점

Q1

정답 : 1. 상해, 폭행 2. 성폭력 3. 불법정보

해설 : 교원지위법에서는 형법, 성폭력처벌법, 정보통신망법에서 정한 불법 행위와 교육부장관의 교육활동 침해 행위 고시를 통해서 구체적으로 교육활동 침해 행위를 명시적으로 정하고 있습니다. 그래서 형법상 상해와 폭행의 죄, 성폭력처벌 등에 관한 특례법에 따른 성폭력 범죄, 정보통신망법에 따른 불법정보 유통 행위 등으로 규정되어 있는 것을 알 수 있습니다.

Q2

정답 : 1. 상해 2. 협박 3. 모욕 4. 명예훼손

해설 : 형법 제2편 제25장(상해와 폭행의 죄), 제30장(협박의 죄), 제33장(명예에 관한 죄) 또는 제42장(손괴의 죄)에 해당하는 범죄 행위는 다음과 같습니다. 문제에 나온 유형들은 교원지위법 제15조 제1항 제1호에서 정하는 교육활동 침해 행위들로서, 가장 많이 일어나는 유형이기도 합니다.

1의 내용은 상해를 말합니다. 상해는 몸을 다치게 하는 것뿐만 아니라 교육활동 침해 행위로 우울증, 공황장애 등 정신적인 손상을 주는 것도 포함됩니다.

2의 내용은 협박으로서 말뿐만 아니라 행동으로 하는 경우에도 성립됩니다.

3의 내용은 모욕에 관한 것으로서 가장 많이 만나는 유형입니다. 선생님에 대한 각종 비하 발언이나 욕설뿐 아니라 모욕적인 손짓 같은 행동도 포함될 수 있습니다.

4의 내용은 명예훼손에 관한 것입니다. 명예훼손은 허위의 사실뿐만 아니라 명예를 훼손할 수 있는 사실을 유포하는 경우도 포함된다는 것을 알아두어야 합니다.

많이 발생하는 교육활동 침해 행위의 내용을 간단히 살펴보면 아래와 같습니다.

- 상해 : 사람을 다치게 하여 신체의 정상적인 기능에 손상을 주는 것으로 신체적인 상해뿐만 아니라 교육활동 침해 행위로 우울증, 공황장애 등 정신적인 손상을 주는 것도 포함
- 폭행 : 사람의 신체를 때리거나 때리려고 하는 것
- 협박 : 사람에게 해악을 끼칠 것을 고지하여 위협과 공포심을 느끼게 하는 것
- 명예에 관한 죄 : 모욕과 명예훼손으로 나눌 수 있고 가장 많이 일어나는 유형
- 모욕 : 다른 사람들 앞에서(공연성) 모욕하는 경우(욕설, 비하발언, 모욕적인 행동 등)
- 명예훼손 : 사실 또는 허위의 사실을 유포하여 명예를 훼손시키는 행위
- 손괴 : 타인의 재물을 훼손시키거나 파일 등을 숨기거나 은닉하여 원래의 목적대로 사용되지 못하게 손상시키는 것

Q3 정답 : ○

해설 : 교육활동 침해 행위에 대해 규정한 교원지위법 제15조 제1항 제2호에서는 성폭력범죄의 처벌 등에 관한 특례법(약칭 : 성폭력처벌법) 제2조 제1항에 따른 성폭력범죄 역시 교육활동 침해 행위에 포함된다고 규정하고 있습니다. **따라서 성폭력처벌법 제14조의 카메라 등을 이**

용한 촬영의 유형 역시 교육활동 침해 행위에 포함됩니다.

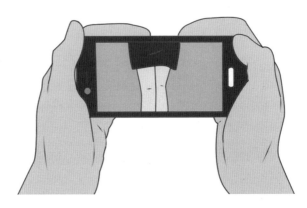

💡 추가 꿀팁 정보

성폭력처벌법에 규정된 성범죄의 유형이 상당히 많기 때문에 학교 현장에서 실제 일어날 수 있는 유형을 중심으로 살펴보면, 위 문제에 나온 성폭력처벌법 제14조의 '카메라 등을 이용한 촬영', 일명 불법촬영을 생각해 볼 수 있습니다. '불법촬영'이라고 일컬어지는 이 유형은 **카메라 등을 이용하여 성적 수치심을 유발할 수 있는 사람의 신체를 당사자의 의사에 반하여 촬영한 경우**가 이에 해당됩니다.

기존에는 불법촬영물을 직접 촬영하지 아니하고 시청만 한 경우는 성폭력처벌법상 위 규정에 의해 처벌되는 대상에 포함되지 않았지만, **2020년 5월 19일 법이 개정되어, 불법촬영물 또는 복제물을 소지·구입·저장 또는 시청한 자도 처벌하도록 변경되었기 때문에 이러한 유형 역시 교육활동 침해 행위에 해당됩니다.**

정답 : X

해설 : 정보통신망 이용촉진 및 정보보호 등에 관한 법률(약칭 : 정보통신망법) 제44조의 7 제1항에 따른 불법정보 유통 행위에 해당됩니다.

위 법률 조항에서 정하는 불법정보에 해당하는 내용은 9가지 유형인데, 실제 학교에서 발생할 수 있는 유형은 아래 3가지로 볼 수 있습니다.

정보통신망법 제44조의 7 제1항
1. 음란한 부호·문언·음향·화상 또는 영상을 배포·판매·임대하거나 공공연하게 전시하는 내용의 정보
2. **사람을 비방할 목적으로 공공연하게 사실이나 거짓의 사실을 드러내어 타인의 명예를 훼손하는 내용의 정보**
3. 공포심이나 불안감을 유발하는 부호·문언·음향·화상 또는 영상을 반복적으로 상대방에게 도달하도록 하는 내용의 정보

특히, 제2호의 명예를 훼손하는 내용의 정보는 휴대폰을 이용하여 SNS, 인터넷 등으로 광범위하고 빠르게 파급되어 피해를 더욱 크게 확산시킨다는 문제가 있습니다. **따라서 그 내용이 '사실'이라 할지라도 타인의 명예를 훼손시킬 수 있는 내용을 정보통신망을 통해 퍼뜨린다면 이는 교육활동 침해 행위에 해당됩니다.**

Q5

정답 : ②

해설 : ①번은 위법한 교육활동이 아닌 '정당한' 교육활동을 방해하는 행위일 때 이에 해당합니다.

③번은 교원의 정당한 교육활동에 대해 일회성이 아닌 '반복적'으로 부당하게 간섭하는 행위가 있을 때 성립됩니다.

④번은 부장교사가 아닌 '학교장'이 교육공무원법 제43조 제1항에 위반한다고 판단하는 경우 이에 해당됩니다.

Q6

정답 : ㉡

해설 : 교육활동 중인 교원에게 성적 언동 등으로 성적 굴욕감 또는 혐오감을 느끼게 하는 행위는 교육활동 침해 행위에 해당합니다. 그중 성희롱에는 언어적, 신체적, 시각적 유형이 있습니다. 신체적 유형은 성적 수치심을 유발하는 신체 접촉, 시각적 유형은 성적 수치심을 유발하는 낙서나 사진을 통해 성적 불쾌감을 주는 것을 생각해볼 수 있습니다. **성희롱의 경우 동성(同性) 간에도 성립됩니다.**

☝ 추가 꿀팁 정보

교육활동 침해 행위 및 조치 기준에 관한 고시 제2조(교원의 교육활동 침해 행위)
교원의 교육활동을 부당하게 간섭하거나 제한하는 행위는 다음 각 호와 같습니다.

1. **형법 제8장(공무방해에 관한 죄) 또는 제34장 제314조(업무방해)에 해당하는 범죄 행위로 교원의 정당한 교육활동을 방해하는 행위**

   여기서 방해란 폭행 또는 협박·위력 등을 뜻하며, 통상적으로 생각하는 귀찮게 하거나 신경 쓰이게 하는 정도의 방해와는 다릅니다.

2. **교육활동 중인 교원에게 성적 언동 등으로 성적 굴욕감 또는 혐오감을 느끼게 하는 행위**

   성적 언동이란 남녀 간의 육체적 관계나 남성 또는 여성의 신체적 특징과 관련된 육체적, 언어적, 시각적 행위로서 사회공동체의 건전한 상식과 관행에 비추어 볼 때 객관적으로 상대방과 같은 처지에 있는 일반적이고도 평균적인 사람에게 성적 굴욕감이나 혐오감을 느끼게 할 수 있는 행위를 말합니다. (대법원 2008.7.10. 선고 2007두22498판결)

3. **교원의 정당한 교육활동에 대해 반복적으로 부당하게 간섭하는 행위**

   보호자는 자녀를 교육시킬 권리가 있기 때문에 학교 교육에도 참여할 수 있는 권리가 있습니다. 따라서 교육과정에 대한 정당한 참여는 얼마든지 보장되지만, 이러한 정당한 권리행사의 범주를 넘어서 **'부당한 간섭'**을 **'반복'**하는 경우 교육활동 침해 행위에 해당될 수 있습니다.

4. **교육활동 중인 교원의 영상·화상·음성 등을 촬영·녹화·녹음·합성하여 무단으로 배포하는 행위**

   교원의 영상, 화상, 음성 등을 무단으로 **'배포'**하는 행위는 교육활동 침해 행위로 규정한 내용이 신설되었습니다.

5. 그 밖에 학교장이 교육공무원법 제43조 제1항에 위반한다고 판단하는 행위

'교육공무원법 제43조(교권의 존중과 신분보장) ①교권(敎權)은 존중되어야 하며, 교원은 그 전문적 지위나 신분에 영향을 미치는 부당한 간섭을 받지 아니한다.'고 규정하고 있음에도 이에 위반한다고 판단될 수 있는 정도의 행위는 학교장이 교육활동 침해 행위로 판단할 수 있습니다.

Q7

정답 : 증거, 진술서

해설 : **1. 증거**

교육활동 침해 행위는 학생에 의한 경우도 있지만, 성인인 보호자 등에 의해 발생하는 경우도 있습니다. 이러한 사안을 교권보호위원회 등 여러 가지 수단을 통해 해결하기 위해서는 증거를 확보해둘 필요가 있습니다. 특히, 가장 많이 발생하는 폭언이나 욕설과 같은 유형의 경우 녹음을 통해 증거를 확보하는 방법이 있습니다. 함께 대화에 참여한 당사자 간이라면, 상대방의 동의를 구하지 않고 당사자 간의 대화나 통화를 녹음하는 것은 통신비밀보호법 위반이 아닙니다.

2. 진술서

교육활동 침해 행위의 순간이 매우 당황스럽고 순간적이어서 신속하게 증거를 확보하는 것이 쉽지 않습니다. 이런 경우라 할지라도 상황을 목격한 목격자가 있다면 목격자 진술서를 받아 두어 객관성을 확보할 수 있습니다. 따라서 당시 상황에 대한 목격자가 누구였는지 기억해두었다가 목격자들의 기억이 섞이거나 왜곡되기 전 목격자 진술서를 확보해 둘 필요가 있습니다. 더불어 선생님 본인의 당시 상황에 대한 기억 역시 시간이 지날수록 왜곡되고 희미해지기 때문에 최대한 빨리 내용을 기록해 두어야 합니다.

교원지위법에서는 교육활동 침해 행위가 무엇인지 구체적으로 정하고 있습니다. 앞에서 살펴본 바와 같이 교육활동 침해 행위는 단순히 감정이 상하거나 기분이 나쁜 것과는 구별되어 교원의 정당한 교육활동을 부당하게 침해한 것으로 폭행, 상해와 같이 신체에 고통을 주는 것뿐만 아니라 정신적인 고통을 주는 것역시 포함됩니다.

교육활동 침해 행위를 받게 되면 막상 어떻게 대응해야 할지 당황스럽거나 막막할 수 있습니다. 이때, 교육활동 침해 행위가 일어난 상황에 대한 녹음이나 사진, 기록 등 증거를 신속하게 확보해둘 필요가 있다는 점, 당시 상황을 목격한 사람들의 진술서를 잘 활용할 필요가 있다는 점을 기억해 두면 교육활동 침해 행위 사안을 해결하는 데 큰 도움이 됩니다.

미리 알아두어야 잘 쓸 수 있다!
'교권보호위원회'

아니, 이런 사건이?

영수와 철수는 축구를 좋아합니다. 점심시간, 영수팀과 철수팀으로 나눠 아이스크림 내기 축구 시합을 하던 중, 동점이 되었고 승부가 절정에 달했습니다. 철수를 따돌린 영수가 득점을 위해 전속력으로 달려가다 다리가 꼬여 혼자 넘어졌는데, 달리던 속도가 있던 터라 그만 정강이뼈가 부러지고 말았습니다. 이를 알게 된 담임인 제가 병원 이송부터 학교안전공제회 신

청, 영수가 입원한 동안에도 학습에 최대한 결손이 생기지 않게 노력하는 것 등 엄청 신경을 썼습니다. 하지만 영수의 부모님은 불만을 터뜨리고, 학교안전공제회에서 나온 돈으로는 수술비도 되지 않으니 선생님이 마음을 보이라는 요구를 하였습니다. 그러던 중, 갑자기 학교에 와서 상담을 하자더니 또 똑같은 말을 반복하였습니다. 이에 '안타깝지만, 이 사안은 학교나 선생님의 책임이 아닙니다.'라고 말씀을 드리니 아버님은 폭언과 함께 교무실 집기를 발로 차기까지 했습니다. 저는 너무 놀랐고, 그 이후로는 심장이 두근두근하여 교육활동에 집중도 안 됩니다. 어떻게 이 사안을 해결할 수 있을까요?

예방 교육의 필요성

학교에서 교육활동을 하다 보면 안전사고가 발생할 수 있습니다. 다친 학생도 힘들고 보호자도 마음이 아프겠지만 당연히 선생님 또한 굉장히 속상합니다. 그런데 학교안전사고에 대한 책임을 선생님에게 떠넘기거나 부당한 요구를 하면서 선생님에 대한 교육활동 침해 행위까지 행하는 경우가 있습니다. 이럴 경우 학교교권보호위원회를 통해 사안을 해결할 수 있습니다.

당신의 안전 상식은 안전합니까? 안전 상식 자가진단

주제 : 학교안전사고와 교사의 책임 배점 : 10점 난이도 : ★☆☆

Q1 학교안전공제회에서 학교안전사고로 판명되어 보상이 이루어졌다면 담임 선생님이나 담당 선생님, 학교에 학교안전사고의 책임이 있는 것이 아니다.

(O / X)

Q2 선생님에게 안전사고에 대한 책임이 있는 경우가 **아닌** 것은 무엇일까요?

① 선생님에게 학교안전사고에 대한 고의 또는 중과실이 있는 경우

② 사고에 대한 예측가능성이 있었음에도 이를 방지하지 않은 경우

③ 선생님으로서 주의의무를 다 하지 않은 경우

④ 학교안전사고의 가해자가 따로 있는 경우

Q3 다음은 학교교권보호위원회의 역할입니다. 각 빈칸에 들어갈 낱말은 무엇일까요? (각 10점)

> 1. 분쟁의 당사자가 아닌 객관적인 입장에서 교육활동 침해 행위와 이에 대한 분쟁을 의논하여 (ㅈㅈ)
> 2. 교육활동 침해 행위로 인한 피해를 입은 경우 피해 교원 (ㅂㅎ ㅈㅊ)
> 3. 침해 행위 존재 여부에 대한 객관적인 (ㅍㄷ)

Q4 다음은 학교교권보호위원회의 진행 중에 이루어질 수 있는 과정입니다. 다음 중 옳지 **않은** 것은 무엇일까요?

① 사안 발생 시, 피해 교원이 침해 행위에 직접 대응하지 않도록 하고, 침해 행위를 한 보호자 등과 분리 조치를 한다.

② 사안 발생 시, 폭행, 상해 등 심각한 상황이 발생된 경우라면 경찰에 신고하여 도움을 요청할 수 있다.

③ 피해 교원 보호 및 사안 조사 시, 당사자 중 한쪽이 분쟁조정신청서를 제출하면, 상대방의 의사와 상관없이 분쟁 조정이 이루어질 수 있다.

④ 피해 교원 보호 및 사안 조사 시, 필요하다면 교육청 법률지원단을 통한 법률상담이나 교원치유지원센터를 이용한 심리상담을 받을 수 있다.

⑤ 피해 교원 보호 및 사안 조사 시, 특별휴가나 공무상 병가, 병가, 수업 및 업무 조정 등을 고려할 수 있다.

Q5

학교교권보호위원회 불참 시 서면 또는 기타의 방법으로 진술할 수 있다.

(○ / X)

Q6

교권보호위원회에서 조정되지 않은 분쟁, 학교교권보호위원회가 설치되지 않은 유치원의 분쟁은 당사자 신청에 따라 시·도교권보호위원회에서 조정할 수 있다.

(○ / X)

Q7

폭행, 상해 등과 같이 심각한 교육활동 침해 행위가 아니며 반복적으로 선생님의 교육활동을 방해하는 상황이 발생하면, 학교교권보호위원회를 이용하는 것보다는 선생님이 직접 해결하는 것이 좋다.

(○ / X)

뒷장의 정답을 보고 자신의 안전 상식 점수를 확인해 보세요. 틀린 문항에 재도전하여 놓치고 있던 안전 상식을 꼭! 기억하기 바랍니다.

나의 안전 상식 점수

/ 100점

Q1

정답 : O

해설 : 학교안전사고가 발생했다는 이유만으로 선생님에게 무조건 책임이 발생하는 것은 아닙니다. 다양한 교육활동 중 예측불가능하게 안전 사고가 일어날 수 있는 것에 대비하여 학교안전법에 따라 학교안전 공제회가 설립되어 있습니다. 이에 따라 학교안전법에 의한 학교안 전사고에 해당하는 경우에는 학교안전공제회가 이를 보상하고 그 범위 내에서 학교와 선생님은 책임을 면하도록 규정되어 있습니다. **따라서 학교안전공제회에서 학교안전사고로 판명되어 보상이 이루 어졌다면 담임 선생님이나 담당 선생님, 학교에 학교안전사고에 따 로 책임이 있는 것이 아닙니다.**

> 💡 추가 꿀팁 정보
>
> **교원의 지위 향상 및 교육활동 보호를 위한 특별법**
> 제5조(학교안전사고로부터의 보호) 각급 학교 교육시설의 설치·관리 및 교육활동 중에 발생하는 사고로부터 교원과 학생을 보호함으로써 교원이 그 직무를 안 정되게 수행할 수 있도록 하기 위하여 학교안전공제회를 설립·운영한다.
>
> **학교안전사고 예방 및 보상에 관한 법률 (약칭 : 학교안전법)**
> 제2조(정의) 이 법에서 사용하는 용어의 정의는 다음과 같다.
> '학교안전사고'라 함은 교육활동 중에 발생한 사고로서 학생·교직원 또는 교육 활동참여자의 생명 또는 신체에 피해를 주는 모든 사고 및 학교급식 등 학교장 의 관리·감독에 속하는 업무가 직접 원인이 되어 학생·교직원 또는 교육활동참 여자에게 발생하는 질병으로서 대통령령이 정하는 것을 말한다.
> 제45조(다른 보상·배상과의 관계) 학교안전사고로 인하여 발생한 피해에 대하여 수급권자가 이 법에 따른 공제급여를 받은 경우에는 학교안전사고로 인하여 발생한 피해에 대한 보상 또는 배상의 책임이 있는 국가·지방자치단체·공제가 입자 또는 피공제자는 그 공제급여 금액의 범위 안에서 다른 법령에 따른 보상 또는 배상의 책임을 면한다.

정답 : ④

Q2

해설 : 학교에서 장난이나 고의 또는 과실로 다른 학생을 다치게 한 경우, 즉 가해자가 명확히 따로 있는 경우에는 가해자인 가해 학생(미성년 자이기 때문에 보호자가 책임을 지게 됨)이 책임을 져야 하는 것이며, 선생님이나 학교가 그 책임을 아무 이유 없이 분담해야 할 의무는 없습니다.

💡 추가 꿀팁 정보

학교안전사고가 발생하면 선생님에게도 책임이 있는지 여부는 아래 3가지를 기준으로 판단하게 됩니다. 아래 기준에 의하여 선생님에게 학교안전사고에 대한 책임이 있다고 판단되면 발생한 피해에 대한 손해배상 책임을 지게 되며, 학교안전공제회가 일단 보상을 하고 추후 책임이 있는 선생님에게 부담해야 할 부분에 대하여 구상을 청구할 수 있습니다.

1. 선생님에게 학교안전사고에 대한 고의 또는 중과실이 있는 경우
2. 사고에 대한 예측가능성이 있었음에도 이를 방지하지 않은 경우
3. 선생님으로서 주의의무를 다 하지 않았을 경우

Q3

정답 : 1. 조정 2. 보호 조치 3. 판단

해설 : 학교교권보호위원회는 각급 학교에 설치되어 교원의 교육활동 침해 행위 및 교육활동 관련 분쟁을 조정할 수 있는 유일한 위원회입니다.

따라서 선생님의 정당한 교육활동에 대해 침해 행위나 분쟁이 생겼다면 이를 통해 함께 분쟁을 해소하는 것이 혹시 추후에도 계속될 수 있는 교육활동에 대한 오해와 이로 인한 잠재적인 피해를 예방하는 방법이 될 수 있습니다.

특히, **학교교권보호위원회는 객관적인 입장에서 교육활동 침해 행위와 이에 대한 분쟁을 의논하여 조정할 수 있습니다. 또한, 교육활동 침해 행위로 인한 피해를 입은 경우 피해 교원은 보호 조치를 받을 수 있으며, 교육활동 침해 행위 존재 여부에 대한 객관적인 판단도 받을 수 있기 때문에 이를 활용해볼 수 있습니다.**

Q4 정답 : ③

해설 : 당사자 중 한쪽이 분쟁조정신청서 제출 시, 양 당사자에게 학교교권보호위원회의 분쟁 조정 의사를 확인해야 합니다.

💡 **추가 꿀팁 정보**

교육활동 침해 행위 사안 발생에 대한 학교교권보호위원회의 진행 과정은 다음과 같습니다.

1. 사안 발생 : 교육활동 침해 행위가 발생한 것을 피해 교원이나 목격자가 신고하게 되면, 주변 교원이나 담당 교원이 인지 즉시 개입하여 피해 교원이 침해 행위에 직접 대응하지 않도록 하고, 침해 행위를 한 보호자 등과 분리 조치를 하게 됩니다. 이때 폭행, 상해 등 심각한 상황이 발생된 경우라면 경찰에 신고하여 도움을 요청할 수 있습니다

2. 피해 교원 보호 및 사안 조사 : 피해 교원 보호 및 담당 교원에 의한 사안 조사가 이루어집니다.
- 목격자 진술 확인 및 자료·증거물 수집
- 치료·안정 이후 피해 교원의 피해 사실 확인서 확보
- 진단서 및 소견서 등 관련 자료 수령
- 당사자 중 한쪽이 분쟁조정신청서 제출 시, 양 당사자에 학교교권보호위원회의 분쟁조정 의사 확인

이때, 필요하다면 교육청 법률지원단을 통한 법률상담이나 교원치유지원센터를 이용한 심리상담을 받을 수 있고, 특별휴가나 공무상 병가, 병가, 수업 및 업무조정 등을 고려할 수 있습니다.

* 교육활동 보호 매뉴얼(교육부, 2020) 참조

정답 : ○

해설 : 학교교권보호위원회에 직접 참여하는 방법 이외에 서면 또는 기타의 방법으로 진술할 수 있고, 필요한 보호 조치 요구 등도 가능합니다.

💡 추가 꿀팁 정보

실제 교권보호위원회에서 진술해야 하는 상황에서 '직접 참석하여 진술할까? 아니면 그냥 서면으로 대처할까?' 고민될 수 있습니다. 직접 출석하면 위원들의 질문을 토대로 좀 더 상세한 진술이 가능하다는 장점이 있습니다. 반면, 서면으로만 제출하게 되면 심리적인 부담감을 줄일 수 있는 장점은 있으나 상황에 대한 구체적인 설명 등이 부족할 수 있으므로 참석하지 않고 진술서만 제출하고자 한다면 이러한 점에 유의해야 합니다.

Q6

정답 : ○

해설 : 시·도교권보호위원회는 학교교권보호위원회에서 분쟁을 조정하고
자 시도하였으나, 조정되지 아니한 분쟁을 조정할 수 있습니다.
반면, 각급 학교와 달리 유치원은 유치원의 장이 필요하다고 인정하
는 경우에 선택적으로 설치할 수 있도록 규정되어 있다는 차이가 있
습니다. 그래서 유치원 장의 선택에 따라 교권보호위원회가 설치되
어 있지 않은 경우에는 교원지위법 제19조 제1항 나목에 따라 학교
교권보호위원회를 거치지 아니하고 시·도교권보호위원회에서 분쟁
을 조정할 수 있습니다.

Q7

정답 : X

해설 : 폭행, 상해 등과 같이 심각한 교육활동 침해 행위가 아니더라도 선생님
의 교육활동을 방해하는 부당한 간섭을 반복적으로 하는 상황 역시 교
원지위법에 의한 교육활동 침해 행위에 해당될 수 있습니다. 물론 선생
님이 직접 혼자 상황을 해결할 수도 있겠지만, 이로 인한 2차적인 분쟁
이나 추가로 발생할 수 있는 오해나 갈등을 방지하고, 학교교권보호위
원회라는 공식적인 과정을 통해 객관적·명시적으로 선생님에 대한 부
당한 간섭을 반복하는 행위는 지양할 필요가 있음을 알려주며, 교육공
동체 모두를 위해서도 앞으로 반복되지 않도록 할 필요도 있기 때문에
혼자 힘들어 하지 말고 학교교권보호위원회를 잘 활용해야 합니다.

교원지위법은 교육활동 침해 행위를 한 학생에 대한 선도 조치와 교원의 교육활동 관련 분쟁을 조정하기 위하여 학교교권보호위원회와 시·도교권보호위원회를 설치하도록 하였습니다. 특히, 학교교권보호위원회는 모든 각급 학교에 설치하도록 규정되어 있기 때문에 교육활동 침해 행위나 교육 관련 분쟁 발생 시 이를 통해 사안을 해결할 필요가 있습니다.

특히, 학생에 대한 사고가 발생한 경우 선생님이 이를 책임질 의무가 없음에도 불구하고 선생님에게 과도한 요구를 하는 과정에서 교육활동 침해 행위가 발생할 수 있습니다. 이러한 경우에도 선생님의 정당한 교육활동을 침해한 부분에 대하여 학교교권보호위원회를 활용할 수 있고, 학교교권보호위원회에서 분쟁이 조정되지 아니한 경우 시·도교권보호위원회를 활용할 수 있습니다.

폭력 및 중독 예방 활동과
상담 사례가 가득!
현장 전문가의
마음 처방전

김미숙 보건교사

찰칵! 전송만 해도 범죄
'디지털 성폭력' 예방

아니, 이런 사건이?

채팅앱을 통해 40대 A와 14세 청소년 B가 채팅을 주고받았습니다. A는 B에게 접근하여 매일 B의 고민을 들어주며 선물과 용돈을 주었습니다. 이렇게 친분을 쌓은 뒤 '예쁘다, 사랑한다.'는 말과 함께 어느 날부터 신체 사진을 요구하기 시작했습니다. B는 자신의 말을 잘 들어주고 챙겨주는 친절하고 고마운 아저씨인 A의 요구를 거절하기 힘들었습니다. 처음에는 얼굴부터

손가락, 무릎, 어깨 등의 사진을 요구하다 점점 가슴과 중요 부위 등의 사진까지 요구했습니다.

예방 교육의 필요성

최근 온라인 문화가 발달하면서 청소년들에게도 SNS 등을 통한 디지털 성범죄가 발생하고 있습니다. 코로나19로 인해 학생들에게 스마트폰 또는 태블릿 PC를 활용한 수업이 진행되므로 디지털 성폭력의 유형과 예방 교육이 꼭 필요합니다. 또한, 문제 상황이 발생했을 때 어떻게 지도해야 할지 잘 알고 있어야 합니다.

당신의 안전 상식은 안전합니까? 안전 상식 자가진단

주제 : 사이버 성폭력 사례 통계   배점 : 10점   난이도 : ★☆☆

Q1 한국 사이버 성폭력 대응센터에서 발표한 2019년 성폭력 피해 상담 통계에서 사이버 성폭력 사례로 가장 많이 응답한 것은 무엇일까요?

① 성적 괴롭힘
② 불법촬영
③ 비동의 유포
④ 불안 피해
⑤ 유포 협박

주제 : 디지털 성폭력 유형   배점 : 10점   난이도 : ★☆☆

Q2 가해자가 피해자에게 호감을 얻거나 돈독한 관계를 만드는 등 심리적으로 지배한 뒤 성폭력을 가하는 것을 뜻하는 디지털 성폭력의 유형은 무엇일까요?

(디지털 ㄱㄹㅁ)

구체적인 상황에 해당하는 성폭력 사례를 바르게 연결해 보세요.

① "치마 입으니까 예쁘네."

② "게임 벌칙이니까 나랑 포옹해야 돼."

③ "(음란한 문자나 사진을 보여주며) 이거 재미있는데 한번 볼래?"

④ "손잡아도 돼? 대답이 없네. 손잡을게."

㉠ 불필요한 신체 접촉

㉡ 상대방의 무반응을 긍정으로 받아들이는 생각

㉢ 외모 평가와 성적 대상화

㉣ 수치심 및 불쾌감 유발 행동

다음은 학생들에게 실시할 성폭력 예방 교육의 핵심 내용을 OX 퀴즈로 만든 것입니다. 각 문제의 답은 무엇일까요? (각 5점)

1. 친구가 디지털 성범죄 피해를 당한 것은 조심하지 않아서이다.

(O / X)

2. 불법촬영물은 다운받아 가지고 있거나 보기만 해도 범죄가 될 수 있다.

(O / X)

3. 친구에게 사진 찍은 것에 대해 동의를 구했으면 다른 친구에게 보내도 된다.

(O / X)

4. 프로필 사진은 나의 개인정보가 드러나지 않는 것이 좋다.

(O / X)

5. 단체 채팅방에서 친구가 성적인 사진을 보냈다면 열어보지 말고 그 방에서 나가는 것이 좋다.

(O / X)

6. 불법촬영 피해를 당하면 아이디를 기록하거나 대화방을 캡처하여 증거를 수집하는 것이 좋다.

(O / X)

Q5 학생들에게 한 차시 동안 디지털 성폭력 예방 교육을 실시하려고 합니다. 다음 핵심 단어를 넣어 꼭 알려주어야 할 핵심 내용을 완성해 보세요. (각 6점)

> 1. 개인정보 2. 선물 3. 셀카 사진 4. 신고 5. 검증되지 않은 링크

Q6 디지털 성범죄가 발생했을 때 선생님은 '디지털 성범죄 피해자 지원센터'를 통해 학생에게 도움을 줄 수 있습니다. 다음 중 '디지털 성범죄 피해자 지원센터'가 하는 일로 알맞지 **않은** 것은 무엇일까요?

① 피해자 지지 상담 지원
② 피해 영상 삭제 지원
③ 신고 및 조사 연계
④ 법률 및 의료 지원 연계
⑤ 가해자 심리치료 지원

뒷장의 정답을 보고 자신의 안전 상식 점수를 확인해 보세요. 틀린 문항에 재도전하여 놓치고 있던 안전 상식을 꼭! 기억하기 바랍니다.

나의 안전 상식 점수

/ 100점

Q1 정답 : ①

해설 : 가장 많이 응답한 사례를 보면, 법적으로는 '성폭력'으로 다루어지지는 않지만 단체 채팅방 내에서 주로 일어나는 성적 괴롭힘, 화장실 등에 몰래카메라를 설치해서 이루어지는 불법촬영, 피해자의 사진 비동의 유포 및 협박, 이로 인해 가해자가 촬영물을 가지고 있다는 사실을 아는 피해자가 '내 촬영물이 유포되면 어떡하지?' 하는 불안 피해 순이었습니다.

Q2 정답 : 그루밍

해설 : '그루밍'은 '더듬다, 손질하다, 길들이다.'라는 뜻으로 성적인 의도를 가지고 피해자에게 접근하여 신뢰 관계를 쌓은 뒤, 피해자가 성적 가해 행동을 자연스럽게 받아들이도록 길들이는 행위를 말합니다.

💡 **추가 꿀팁 정보**

그루밍의 단계는 다음과 같습니다.
1. 피해자 물색

2. 친밀한 관계 형성 및 피해자의 취약점 파악(빈곤, 외로움, 취미, 관심사 등)
3. 신뢰 관계 형성 및 사소한 요구
4. 오프라인으로 만나며 성적 촬영물 요구
5. 함께 나눴던 대화 내용이나 파일을 유포하겠다고 협박
6. 피해 촬영물 추가 요구 및 성관계 지속 확대

Q3

정답 : ①-ⓒ, ②-ⓐ, ③-ⓔ, ④-ⓑ

해설 : 상대방의 외모를 마음대로 평가하거나 "치마를 입으니까 예쁘다."와
같이 성적 대상화하는 것은 엄연한 성폭력입니다. 또한, 평소에 상대
방의 동의 없이 신체를 만지거나 게임, 벌칙 등으로 스킨십을 강요하
는 행위도 성폭력입니다. 상대방의 특정 신체 부위를 노골적으로 계
속 쳐다보는 행위, 컴퓨터나 스마트폰을 이용해 음란한 문자나 사진,
동영상을 상대방에게 보내거나 직접 보여주는 등의 수치심과 불쾌
감을 유발하는 행위도 성폭력에 해당합니다.

상대방의 무반응을 'OK'로 받아들이는 생각도 마찬가지로 성폭력에
해당합니다. 신체적 접촉에 관해서 상대방이 아무런 반응이 없거나
내가 좋다고 해서 상대방 역시 좋을 것이라고 착각을 해서는 안 됩니
다. 상대가 싫다고 표현하면 그대로 받아들이고, 상대방이 반응하지
않는다고 하더라도 신체 접촉을 수긍한다고 생각하면 안 됩니다.

Q4

정답 : X, O, X, O, O, O

해설 : 1. 친구가 디지털 성범죄 피해를 입은 것은 친구가 조심하지 않아서
가 아니라 가해자의 문제입니다.

2. 성폭력범죄의 처벌 등에 관한 특례법에 따르면, 불법 성적 촬영물
을 소지, 구입, 저장, 시청한 경우 3년 이하의 징역, 3,000만원 이하
의 벌금형에 처할 수 있습니다.

3. 사진을 찍은 것에 동의를 구한 것이지 다른 친구에게 보내도 된다

는 것에 동의한 것은 아니기 때문입니다.

4. 사진에 나타난 개인정보를 이용해서 범죄가 일어날 수 있습니다.

5. 단체 채팅방에서 친구가 성적인 사진을 보냈다면 열어보지 말고 그 방에서 나가는 것이 좋습니다. 지속적으로 그런 문제가 생길 수 있기 때문입니다.

6. 불법촬영 피해를 당하면 아이디를 기록하거나 대화방을 캡처하여 증거를 수집하여 신고해야 합니다.

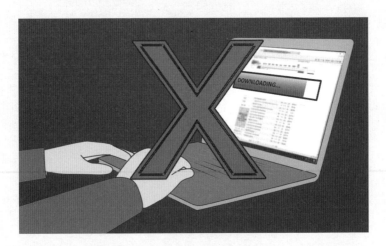

Q5 정답 : 1. 개인정보 공개하지 않기

2. 선물 받지 않기

3. 셀카 사진 보내지 않기

4. 신고하기

5. 검증되지 않은 파일이나 링크는 절대 누르지 않기

해설 : 1. 디지털 성폭력을 예방하기 위해서는 온라인상에서 개인정보를 공개하지 않도록 지도해야 합니다.

2. 온라인상에서 "예쁘다.", "재능이 있다." 등의 칭찬을 하며 선물을 준다고 하면 받지 않도록 지도해야 합니다.

3. 낯선 사람이 셀카나 신체 사진 전송을 요구하거나 오프라인에서

만나자고 하면 대화를 중단하고 캡처하여 신고하도록 지도해야
합니다.

4. 친절하게 대하는 낯선 사람이 만나자고 하거나 협박한다면 반드
시 부모님이나 선생님께 알리고 신고하도록 지도해야 합니다.

5. 검증되지 않은 파일이나 링크는 디지털 성범죄에 이용될 수 있으
므로 절대 누르지 않도록 지도해야 합니다.

Q6 정답 : ⑤

해설 : 디지털 성범죄 피해자 지원센터(https://www.women1366.kr/
stopds/)에서 하는 일은 다음과 같습니다.

1. 상담 지원

  - 관련 문의 응대

  - 지원 내용 안내

  - 피해자 지지 상담

2. 삭제 지원

  - 피해 영상 삭제

  - 유포 현황 모니터링

  - 삭제 지원 결과보고서 발송

3. 수사 지원 연계

  - 제출 자료 작성 지원

  - 무료 법률 지원

4. 기타 지원 연계

  - 의료 지원 연계

  - 보호 시설 연계

안전 Talk Talk   김미숙 보건교사 Says

청소년 디지털 성범죄는 '그루밍'을 통해서 일어나는 경우가 많습니다. 그루밍은 '가해자가 피해자에게 호감을 얻거나 돈독한 관계를 만드는 등 심리적으로 지배한 뒤 성폭력을 가하는 것'을 뜻합니다. 낯선 사람이 다가와 친절하게 대하며 고민 상담도 해 주고 선물도 주면서 친해지게 된 후, 그 사람으로부터 성폭력을 당하는 경우가 그 예입니다.

온라인 생활이 일상화되어 있는 요즘, 청소년들이 디지털 성범죄의 가해자나 피해자가 되지 않도록 디지털 성범죄 예방 교육을 실시해야 합니다. 또한, 디지털 성범죄 발생 시, 믿을 수 있는 어른, 즉 부모님이나 선생님께 말씀드리고 신고하여 더 이상 디지털 성범죄가 발생하지 않도록 지도해야 합니다.

아이의 멍, 알고 보니 부모의 학대! '아동학대 예방'

아니, 이런 사건이?

얼마 전 충청남도 천안시의 한 아파트에서 9살 성승희 군이 7시간이 넘도록 여행 가방에 갇혀 있다가 심장이 멈춰 병원으로 옮겨졌지만, 결국 숨을 쉬지 못하고 하늘나라로 가는 슬픈 사건이 발생했습니다. 또한, 평소 가정폭력을 일삼던 아버지가 라이터를 켠 상태로 중학생 아들의 몸에 유리 세정제를 뿌리며 불을 붙이겠다는 등 협박을 한 사건도 발생했습니다. 온 나라를

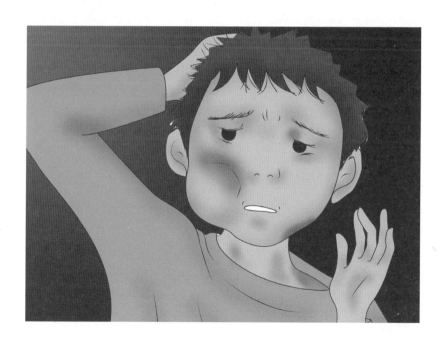

들끓게 하는 잔혹한 아동학대 뉴스가 끊이지 않고 들려오고 있습니다. 실제 최근 5년간 현황을 보면, 아동학대 사건은 해마다 무섭게 증가하고 있는 안타까운 실정입니다.

예방 교육의 필요성

최근 아동학대 사건이 많이 발생하고 있습니다. 가장 많이 발생하는 곳은 어디일까요? 2019년 보건복지부의 아동학대 연차보고서에 따르면, 안타깝게도 전체 아동학대 건수의 79.5%가 가정에서 일어나는 것으로 보고되고 있습니다. 학생들을 지도하는 선생님들께서는 아동학대 유형, 징후와 문제 상황의 대처법을 배워서 학대에 처한 학생들에게 도움을 줘야 합니다.

당신의 안전 상식은 안전합니까? 안전 상식 자가진단 ✎

주제 : 아동학대 신고 통계　배점 : 10점　난이도 : ★☆☆

Q1　가장 높은 비중을 차지하는 아동학대 행위자는 누구일까요?

① 부모
② 대리양육자
③ 친인척
④ 행인

주제 : 아동학대 유형　배점 : 10점　난이도 : ★☆☆

Q2　다음은 아동학대 유형에 대한 설명입니다. 아래에서 알맞은 용어를 골라 써 보세요.

성 학대, 방임 및 유기, 신체 학대, 정서 학대

---

1. (　　) : 손이나 발, 물건으로 때리거나 신체 일부를 꽉 움켜쥐는 행위, 방 안에 가두고 밥을 주지 않거나 화장실에 못 가게 하는 행위
2. (　　) : 성인이 아동에게 성적인 신체 접촉을 히거나 성적인 활동을 권유하거나 강요하는 행위
3. (　　) : 폭언, 욕설 등으로 크게 나무라는 언어적 폭력, 직접 때리는 것은 아니지만 말로 가족의 마음에 상처를 입히는 폭력, 감금, 억제 등의 행위
4. (　　) : 아동의 양육과 보호를 소홀히 하여 정상적인 발달을 저해하는 모든 행위

주제 : 아동학대의 징후　배점 : 20점　난이도 : ★★☆

Q3 현장에서 선생님이 알아차릴 수 있는 아동학대의 징후를 2가지 이상 써 보세요. (각 10점)

주제 : 아동학대 사건 발생 시 교사의 대처 방법　배점 : 10점　난이도 : ★☆☆

Q4 다음은 아동학대 사건 발생 시 선생님의 대처 방법 중 하나입니다. 빈칸에 공통적으로 들어갈 말은 무엇일까요?

> 아동학대 사건 발생 시 학생의 (　　) 횟수나 원인을 파악하는 것은 매우 중요합니다. 특히, 미인정 (　　) 관리를 통해, 매월 학생들의 소재와 안전을 확인하는 과정에서 아동학대를 발견하고 위급한 상황에 놓인 아이들을 보호할 수 있습니다.

주제 : 아동학대 사건 발생 시 교사의 대처 방법　배점 : 15점　난이도 : ★★☆

Q5 아동학대 사건을 인지하고 대처하기 위해서는 학생들에게 지속적인 관심이 필요합니다. ① 등교수업 시, ② 원격수업 시, ③ 방학 중 선생님이 할 수 있는 아동학대 예방 및 대처 방법을 아래의 단어를 참고하여 각각 써 보세요. (각 5점)

상태, 생활지도, 복장, 연락 체계, 관심, 영양 상태, 외상 흔적, 유선 전화

주제 : 아동학대 사건 발생 시 교사의 대처 방법   배점 : 15점 (각 5점)   난이도 : ★★☆

1. 아동학대 신고를 한 선생님의 신원을 학부모가 알 수 있다.

(○ / X)

2. 경미한 사안이라면 아동학대로 신고할 필요는 없다.

(○ / X)

3. 아동학대 피해로 신고된 아이라도 또다시 학대가 의심된다면 신고해야
   한다.

(○ / X)

주제 : 아동학대 신고 방법   배점 : 20점   난이도 : ★★☆

다음은 아동학대 신고 방법입니다. 빈칸에 들어갈 숫자를 모두 더하면 몇
일까요?

> 신고는 (㉠)12나 보건복지상담센터인 (㉡)29, 아동학대 신고 전화인
> (㉢)577-(㉣)391로 하면 됩니다. 유치원이나 초중고의 교직원 등은 아
> 동학대가 의심되는 경우 아동보호전문기관이나 수사기관에 신고해야
> 합니다. 미신고 시 (㉤)00만 원 이하의 과태료가 부과됩니다. 신고할
> 때는 피해 아동의 이름과 나이, 성별, 전화번호, 현재 거주지나 다니는
> 학교 등 가능한 한 많은 정보를 줄수록 더 빠르게 도움을 얻을 수 있습
> 니다. 아울러 피해 아동과의 관계 그리고 학대 사실을 알게 된 경위를
> 설명해주는 것이 좋습니다.
>
> ㉠ + ㉡ + ㉢ + ㉣ + ㉤ = ?

뒷장의 정답을 보고 자신의 안전 상식 점수를 확인해 보세요. 틀린 문항에 재도전
하여 놓치고 있던 안전 상식을 꼭! 기억하기 바랍니다.

나의 안전 상식 점수

/ 100점

Q1

정답 : ①

해설 : 아동학대가 많이 발생한 장소를 순서대로 알아보면, 가정 내에서 발생한 사례가 총 2만 3,883건(79.5%)으로 가장 많았으며, 주요 아동 돌봄 기관인 학교, 어린이집, 유치원은 각각 2,277건(7.6%), 1,371건(4.6%), 139건(0.5%) 순이었습니다.

학대 행위자는 안타깝게도 부모가 2만 2,700건(75.6%)으로 가장 높은 비중을 차지했습니다. 다음으로 대리양육자 4,986건(16.6%), 친인척 1,332건(4.4%), 기타 364건(1.2%) 순으로 나타났습니다.

Q2

정답 : 1. 신체 학대   2. 성 학대   3. 정서 학대   4. 방임 및 유기

💡 **추가 꿀팁 정보**

2019년 보건복지부 통계에 의하면 아동학대의 유형 중 중복하여 발생한 경우가 14,476건으로 가장 많았고, 정서 학대 7,622건, 신체 학대 4,179건, 방임 2,855건, 성 학대 833건 순으로 나타났습니다.

정답 : 몸에 멍이 있습니다. 항상 화를 내고 우울해합니다. 가족 이야기를 하지 않는 경우가 많습니다. 자주 가출을 합니다.

해설 : 1. **몸에 멍이 있습니다.**

어른들로부터 손이나 발, 물건으로 가정폭력을 당하게 되면 학생은 큰 상처를 입습니다. 만약 학생의 몸에 큰 멍이 있거나, 몸이 아프다고 말하거나, 학교에서 항상 피곤해하거나, 점심시간에 밥을 제대로 먹지 못하고 몸이 다른 학생들에 비해 말라 있다면 가정폭력을 당하고 있을 가능성이 높습니다.

2. **항상 화를 내고 우울해합니다.**

학대를 당하다 보면 학생의 감정도 상하게 되는데, 항상 누군가로부터 맞을까 봐 무서워하거나 자신이 항상 잘못했다는 생각을 가지고 있습니다. 또한, 언제나 우울한 표정으로 친구들과 대화도 하지 않고 앉아 있거나 항상 화를 내고 다른 친구를 때리는 등 폭력적으로 행동하기도 합니다.

3. **가족 이야기를 하지 않는 경우가 많습니다.**

학교 생활을 하다 보면 부모님 이야기를 많이 하게 되는데, 가정폭력을 당하고 있는 학생은 부모님에 대해 좋은 기억이 많지 않아서 이야기를 잘 꺼내지 않습니다.

4. **자주 가출을 합니다.**

학대를 당하게 되면 집에 가는 것이 무서워서 밤늦게 들어가거나 가출을 하게 되면서 밖에서 나쁜 친구나 어른을 만나 범죄에 빠질 수 있어 더 위험합니다. 가정폭력이 점점 심해져 견디기 힘들 경우에는 일단 그 자리에서 벗어나도록 지도해야 합니다.

정답 : 결석

해설 : 학생의 결석 횟수나 원인을 파악하는 것은 매우 중요합니다. 특히, 미인정 결석 관리를 통해 매일 학생들의 소재와 안전을 확인하는 과정에서 아동학대를 발견하고 위급한 상황에 놓인 학생을 보호할 수

있습니다. 그러므로 결석하는 학생을 면밀히 살피고 상담을 통해 상태를 파악하려는 선생님의 관심이 필요합니다.

Q5 정답 및 해설 :

① 등교수업 시 : 학생의 외상 흔적, 복장 및 영양 상태 등을 관찰하여 특이사항 발생 시 적극적 조치하기

② 원격수업 시 : 화상 및 유선 확인 등을 통한 생활지도 및 학생 상태 파악하기

③ 방학 중 : 학생 생활에 대해 지속적 관심과 연락체계 유지하기(전학 예정인 학생 포함)

Q6 정답 : 1. ✕ 2. ✕ 3. ○

해설 : 1. 아동학대 신고자의 신원은 법적으로 보장됩니다.

2. 경미한 사안이라도 아동학대가 의심되면 신고해야 합니다. 신고 하지 않을 경우 학대가 지속될 수 있어 아이가 더 큰 피해를 입을 수 있기 때문입니다. 따라서 아동학대 신고의무자는 아동학대가 의심될 때 반드시 신고를 해야 합니다.

3. 학대 피해 아동 10명 중 1명은 다시 학대를 받는다고 합니다. 한

번 학대를 받은 아이들의 경우 선생님의 세심한 관찰이 더욱 필요하며, 학대가 의심될 경우 반드시 신고해야 합니다.

Q7 정답 : 14

해설 : 1 + 1 + 1 + 1 + 10 = 14

> ### 💡 추가 꿀팁 정보
>
> 아동학대 신고의무자 근거는 '아동학대 처벌법 제 10조 제2항'에 명시되어 있습니다. 유치원이나 초중고 교직원 등은 아동학대가 의심되면 아동보호전문기관이나 수사기관에 신고해야 합니다. 미신고 시 1,000만 원 이하의 과태료가 부과된다는 점을 기억하기 바랍니다.

안전 Talk Talk 💬

김미숙 보건교사 Says

아동학대가 점점 증가하고 있는 요즘, 만 13~15세 아동이 전체의 23.5%로 사안이 가장 많이 발생했습니다. 그중 어느 곳보다도 따뜻해야 할 가정 내에서 발생한 학대가 79.5%였습니다. 부모에 의한 학대 행위 또한 75.6%로 가장 많았습니다.

학대 의심 징후로는 몸에 멍이 있거나 화를 내고 우울해하며, 가족 이야기를 잘하지 않는 경우 등이 있습니다. 학대 의심 증상이 발견되면, 아동 전문기관이나 수사기관에 신고하여 아동을 학대로부터 분리하고 보호해야 하는 만큼 선생님들의 역할이 중요합니다.

미처 몰랐던 자살 위험 신호!
'생명 존중 및 자살 예방 교육'

아니, 이런 사건이?

"○○이 있는 한 희망은 있다. 실망을 친구로 삼을 것인가? 아니면 희망을
친구로 삼을 것인가?", "○○은 살아남는 능력뿐만 아니라 새로 시작하는 능
력에서도 드러난다.", "○○ 이외에는 재산은 없다."에서 ○○에 들어갈 단어
는 무엇일까요? 바로 생명입니다. 이 세상에서 생명만큼 중요한 것은 없을
것입니다. 그런데 이 중요한 생명을 버리는 한국 국민들이 하루 평균 38명이

라고 합니다. OECD 국가 중 자살률 1위라고 하는데, 2020년 통계에 따르면 청소년의 고의적 자해나 자살 사망률이 인구 10만 명당 9.1명으로 청소년 사망 원인 중 1위로 나타났습니다. 안타깝게도 지난 수년간 100명 이상의 학생들이 자살로 목숨을 잃었습니다. 급기야는 초등학생조차도 생명을 버리는 일이 발생하고 있습니다.

예방 교육의 필요성

2020년 청소년 건강행태 온라인 조사에 따르면, 10.9%의 학생은 자살 생각을 가지고 있고, 3.6%가 자살 계획을 가지고 있으며, 2.0%의 학생은 자살 시도를 하였습니다. 청소년 사망자 10명 중 6명(61.9%)의 사망 원인 1위는 고의적 자해였습니다. 자라나는 청소년들의 소중한 생명을 지키기 위해 자해와 자살 위험 신호를 알아차리고 그에 대한 대처 방법을 알아야 합니다.

당신의 안전 상식은 안전합니까? 안전 상식 자가진단

주제 : 청소년 주요 사망 원인　배점 : 10점　난이도 : ★☆☆

Q1 2020년 청소년 통계에 따르면, 청소년 사망 원인 중 가장 높은 순위를 차지한 것은 무엇일까요?

① 암
② 고의적 자해(자살)
③ 운수사고 및 화재

주제 : 청소년 자살 징후　배점 : 10점　난이도 : ★☆☆

Q2 청소년은 자살하기 전, 주변에 위험 경고 신호를 보냅니다. 이러한 자살 징후는 자살 생각이 직·간접적으로 드러나는 의사 표현의 형태로 나타납

니다. 다음 중 죽음을 생각하는 학생들의 증후로 적절하지 **않은** 것은 무엇일까요?

① 두통, 복통, 소화불량 등 신체 증상을 호소한다.
② 평소 아끼던 소유물에 애착을 가지고 잘 보관하려고 한다.
③ 식사와 수면 습관이 변하여 식사를 잘하지 못하거나 잠을 잘 자지 못한다.
④ 씻지 않거나 자신을 돌보지 않는 행동이 나타난다.
⑤ 반항적이고 공격적인 태도를 보이거나 스스로 신체에 상처를 입히는 행동을 보인다.

주제 : 자해 행동 대처 방법 배점 : 20점 난이도 : ★★☆

다음은 A학생이 자해를 하게 된 이야기입니다. A학생이 보인 자해 행동의 의미는 무엇일까요? 각 빈칸에 들어갈 알맞은 말을 써 보세요. (각 5점)

> A학생은 고등학교에 입학한 뒤 중학교 친구들과의 관계가 멀어지고, 성적이 부모님의 기대만큼 나오지 않아서 스트레스를 많이 받았습니다. 이후 A학생은 사소한 일에도 짜증이 치솟거나 기분이 가라앉아서 힘이 들고 자신이 싫기도 했지만, 특별히 스트레스를 해소할 만한 방법을 찾지 못하였습니다. A학생은 우연히 SNS에서 손목에 자해를 한 사진을 보고 깜짝 놀랐으나 자해 행동을 하면 스트레스가 해소된다는 글을 보고 호기심을 느꼈습니다. A학생은 성적표가 나온 날 부모님과 성적 문제로 다툰 후, 짜증이 심하게 나서 어쩔 줄을 몰라 가족들 몰래 날카로운 필기구로 팔과 배에 상처를 내보았습니다. A학생은 자해 행동 이후 기분이 조금 나아졌으며, 그 후로는 짜증이 심하게 날 때마다 남들 모르게 몸 여기저기에 상처를 내었습니다.

1. 자신의 힘든 처지를 가족이나 친구 혹은 주변 사람들에게 알리고 싶은 하나의 (ㅅㅎ)
2. 자신의 분노나 화를 방출하거나 (ㅍㅊ)하는 방법
3. 자신의 우울함이나 불안, 짜증과 같은 (ㅂㅈ)적인 감정을 일시적으로 (ㅎㅅ)하는 분출구

다음 중 학생에게 자살 위험 신호가 발견될 때 보호자의 행동 요령으로 가장 적절한 것은 무엇일까요?

① 문제의 심각성을 부각하지 않는다.

② 아이의 긍정적인 측면을 지지해 준다.

③ 아이가 놀라지 않게 최대한 천천히 조처한다.

④ 직접적이거나 구체적으로 물어보는 것보다는 간접적으로 조심스럽게 물어본다.

⑤ 가족 간의 외식이나 즐거운 활동을 하는 것보다는 진지한 가족회의를 통해 부모님의 바람을 전달한다.

 학생이 자살 위험 신호를 보낼 때 선생님의 역할로 옳지 **않은** 것은 무엇일까요?

① 학생의 말이나 행동을 통해 자살 위험 징후를 알아차린다.

② 자살 위험 징후를 알아차렸을 때 선생님은 '자살'이나 '죽음' 등의 단어를 사용하지 않고 상담한다.

③ 자살 위험 수준을 알아보기 위해서 자살 생각, 자살 동기, 자살 계획, 자살 시도 경험 순으로 질문한다.

④ 학생의 자살 생각이나 자살 시도 경험에 대해 과도하게 놀란 반응이나 무표정, 힘들거나 불안한 반응을 보이지 않도록 비언어적 표현에 주의를 기울인다.

⑤ 학생의 자살 위기 상황을 알게 된 즉시, 학교 내의 관리자 및 학생정신건강 담당자, 보호자에게 이를 알린다.

 다음은 학생들에게 자살 위험 신호를 보이는 친구를 돕는 방법을 가르치기 위해 준비한 수업자료입니다. 각 빈칸에 들어갈 알맞은 말은 무엇일까요? (각 10점)

1. 친구의 신호 알아채기 : 무슨 힘든 일 있니?

2. **심정**을 말할 분위기 조성하기 : 너에게는 내가 있잖아.

3. 직접 묻기 : (   )?

4. 경청하기 : 많이 힘들구나. 이야기해 봐. 다 들어줄게.

5. 도움 요청하기 : 이런 일은 우리가 해결하기 어려우니까 (   ), 부모님, 경찰에게 도움을 청하자.

뒷장의 정답을 보고 자신의 안전 상식 점수를 확인해 보세요. 틀린 문항에 재도전하여 놓치고 있던 안전 상식을 꼭! 기억하기 바랍니다.

나의 안전 상식 점수

/ 100점

Q1

정답 : ② 고의적 자해(자살)

해설 : 청소년 사망 원인 중 1위는 고의적 자해나 자살이었습니다. 10만 명
당 9.1명이 자살로 사망한 것입니다. 2위는 운수사고·화재 등(4.6명),
3위는 암(2.9명) 등이었습니다.

청소년 사망 원인 1위가 고의적 자해나 자살인 만큼 선생님들은 자
살의 징후나 원인에 대해 잘 파악할 필요가 있습니다.

Q2

정답 : ②

해설 : 죽음을 생각하는 아이들은 자기 주변을 정리하고 평소 아끼던 소유
물을 다른 사람들에게 나누어 주는 행동을 보입니다.

💡 추가 꿀팁 정보

죽음을 생각하는 아이들의 증후는 다음과 같습니다.
1. 일기장이나 SNS에서 죽고 싶다는 표현을 하기도 합니다.
2. 지각, 등교 거부 등이 나타나 평상시 해오던 일상 활동을 제대로 하지 못합
   니다.
3. 집에서 대화를 거부하고 무기력하게 누워만 있을 수 있습니다.

4. 반항적이고 공격적인 태도를 보이거나 스스로 신체에 상처를 입히는 행동을 보입니다.

Q3

정답 : 1. 신호 2. 표출 3. 부정, 해소

해설 : 자해 행동을 하면 일시적으로 뇌에 도파민이나 엔도르핀 등의 신경전달물질이 증가해서 진정되는 느낌이 듭니다. 하지만 정작 자기 조절 연습의 기회를 잃게 되고, 시간이 지날수록 자해가 습관적이고 만성적으로 될 위험성이 있습니다.

하지만 자해가 위험하다고 해서 학생을 비난하며 책망하는 태도는 바람직하지 않습니다. 일단 학생이 자해한 이유와 최근 겪고 있는 어려움에 관해서 판단이나 비난 없이 들어보는 시간을 가지는 것이 좋습니다.

💡 추가 꿀팁 정보

학교에서 자해 의심 신호로 발견되는 것은 계절에 맞지 않는 복장, 즉 긴팔 옷, 긴 바지, 밴드나 붕대를 자주 사용하는 것입니다. 따라서 이러한 모습이 관찰된다면 주의를 기울여야 합니다.

Q4 정답 : ②

해설 : "너는 지금 이 상황을 충분히 이겨낼 수 있어."와 같은 말로 학생의 긍정적인 측면을 지지해 주어야 합니다.

① 문제의 심각성을 부정하지 않고 학생의 관점에서 충분히 공감해 주어야 합니다.

③ 자살 위험 신호가 발견되면 신속히 조처해야 합니다. 어느 시점에서 자살을 감지하거나 불안을 느끼면 즉각 정신건강 전문가의 도움을 받아야 합니다.

④ 직접적이거나 구체적으로 "너 요즘 좀 힘들어 보이는데 혹시 죽고 싶은 마음이 드니?"라고 물어보아야 합니다.

⑤ 가족 간의 외식이나 즐거운 활동을 하면서 학생의 요구를 들어주거나 무엇을 원하는지 확인하는 것이 좋습니다.

Q5 정답 : ②

해설 : '자살'이나 '죽음' 등의 단어는 질문하는 사람에게 불편함을 줄 수 있지만 그것은 학생을 자극하는 것이 아니며, 오히려 학생이 '나의 힘든 점을 이야기해도 괜찮겠다.'라는 생각을 하도록 합니다. 그렇기 때문에 자살이나 죽음에 대한 생각을 묻고 상담하는 것이 도움이 될 수 있습니다.

Q6 정답 : 3. 너 혹시 나쁜 생각하고 있니? 또는 죽고 싶다는 생각이 드니?

5. 선생님

해설 : 친구에게 죽고 싶은 생각이 드는지 직접 질문해야 합니다. 그래서 학생이 마음을 열고 이야기하도록 만들어야 합니다. 자살 신호를 인지했을 때는 친구들끼리 해결하기 어려우므로 부모님이나 선생님에게 도움을 요청하도록 지도해야 합니다. 신뢰할 수 있는 어른에게 도움을 요청하도록 하는 것이 중요합니다.

생명 존중이란 살아 있는 것에 감사하며 자신과 타인의 생명을 소중히 여기고 사랑하는 것입니다. 그러나 이러한 소중한 생명을 스스로 버리는 안타까운 일들이 발생하고 있습니다. 이들의 위험 신호는 언어나 행동으로, 또는 신체적, 감정적 징후로 나타납니다.

학생을 자살로부터 지켜주는 방법은 자살 징후를 알아챈 사람이 그들을 돌보고 있음을 보여주는 것입니다. 그 방법은 자살에 대한 생각을 물어보고 경청하는 것입니다. 그리고 힘들어 하는 일에 대해서 도움을 주어야 합니다. 그들의 부모님에게 알리고, 자살 예방 전문기관의 도움을 받도록 안내하며, 자살하지 않겠다는 약속을 해야 합니다. 자살 예방 전문기관은 24시간 상담 전화와 온라인 및 직접 상담이 가능합니다.

학생에게도 이런 일이?
'약물의 위험성 및 올바른 복용법'

아니, 이런 사건이?

A학생은 시험이 내일인데 공부를 충분히 하지 않아 무척 걱정이 되었습니다. 그래서 밤늦게까지 공부할 수 있는 방법을 생각해 보았습니다. 친구들이 "잠이 오지 않도록 커피를 마셨다."는 이야기가 생각나서 커피를 두 잔이나 마셨습니다. 그리고 잠이 오지 않는 약도 함께 먹었습니다. 처음에는 약간 정신이 맑아지는 듯 느껴졌으나, 곧 피곤이 몰려오고 가슴이 두근두근하면서 심장이 뛰기 시작했습니다. 요즘 초등학생들 사이에서도 이렇게 커피

나 에너지 음료 등을 마시는 경우가 있습니다.

카페인을 과다 섭취하면 신경과민과 수면장애 등 정신건강에 미치는 부작용이 심각합니다. 한번 섭취하기 시작하면 중독에 빠지기 쉬운 카페인 등 약물 오남용의 문제를 어떻게 예방할 수 있을까요?

예방 교육의 필요성

아동·청소년기는 신체적, 심리적으로 많은 변화를 겪게 되는 시기입니다. 또래에 대한 관심이 많아지고 영향을 많이 받기도 합니다. 이러한 아동·청소년기에 약물 오·남용의 위험이 잠재되어 있습니다. 국내 한 대학 연구팀의 연구 결과, 중학생이 카페인 함량이 높은 에너지 음료를 주 1~2회 마실 경우 자살 생각 위험이 1.24배, 매일 1회 이상 섭취하면 2.66배 높아지는 것으로 나타났습니다. 그러므로 약물의 올바른 사용법과 오·남용 예방 교육을 해야 합니다. 또한, 흔히 남용되는 약물이 무엇인지 알고, 약물의 유혹 상황에서 대처할 수 있는 거절 기술을 익힐 필요가 있습니다.

당신의 안전 상식은 안전합니까? 안전 상식 자가진단 ✏

주제 : 마약류의 정의 배점 : 10점 난이도 : ★☆☆

세계보건기구(WHO)에 의한 마약류의 정의로 옳지 **않은** 것은 무엇일까요?

① 개인에게 한정되어 해를 끼친다.
② 사용 약물의 양이 증가하는 경향이 있다.
③ 약물 사용을 중단할 경우 신체적으로 고통과 부작용이 따른다.
④ 약물 사용에 대한 욕구가 강제적일 정도로 강하다.

Q2 약의 종류에는 일반의약품과 전문의약품이 있습니다. 두 약의 차이점은 무엇일까요?

Q3 다음은 청소년이 사용하기 전 꼭 알아야 할 약의 부작용에 대한 설명입니다. 해당 부작용을 일으키는 약의 이름을 써 보세요. (각 5점)

1. 간독성 부작용, 속쓰림 등 위장장애, 불면 및 심장이 두근거리는 증상
   - (진ㅌㅈ)
2. 현기증, 졸음, 입의 건조함, 중독성 - (감ㄱㅇ)
3. 심장 두근거림, 혈압 상승, 위장장애 증상 - (고ㅋㅍㅇ) 음료

Q4 다음은 학생들에게 약을 바르게 사용하는 교육 방법입니다. 적절하지 **않은** 것은 무엇일까요?

① 몸에 해로운 약물을 멀리한다.
② 불법 약물을 절대 사용하지 않는다.
③ 의사의 처방에 따라 약물을 사용한다.
④ 사용 기준에 맞는 양의 약물을 사용한다.
⑤ 합법적 약물은 건강 증진을 위해 본 목적 외에 다른 용도로도 활용할 수 있다.

Q5 약물을 질병 치료의 목적이 아니라 신체적·정신적 변화를 목적으로 사용하는 것을 '약물 오용'이라고 한다.

(○ / X)

Q6 다음은 약물을 남용하게 되는 이유에 대한 설명입니다. 빈칸에 들어갈 말은 각각 무엇일까요? (각 5점)

> 건강을 위한 치료 목적이 아니라 스트레스 해소나 잠을 자지 않기 위해, 혹은 (ㅎㄱㅅ)이나 친구의 유혹 등으로 약물을 남용하는 경우가 많습니다. 그러나 이런 물질들은 (ㅈㄷㅅ)이 강하여 계속해서 반복적으로 사용하게 되며, 결국에는 약물에 (ㅇㅈ)하게 됩니다. 몸에도 (ㄴㅅ)이 생겨 복용하는 양이 점점 늘어나게 되는 악순환이 일어납니다.

Q7 학생들에게 약물 남용을 권유받았을 때 대처 방법에 대해 지도하려고 합니다. 어떤 방법을 알려주어야 할지 다음 문장들을 완성해 보세요. (각 5점)

1. 약물 대신 ○○을 하자고 대안을 제시한다.
2. 약물을 하는 ○○들과 어울리지 않고, 약물을 권하면 싫다고 말하고 ○○를 피한다.
3. 단순하게 ○○고 말한다.

뒷장의 정답을 보고 자신의 안전 상식 점수를 확인해 보세요. 틀린 문항에 재도전하여 놓치고 있던 안전 상식을 꼭! 기억하기 바랍니다.

나의 안전 상식 점수

/ 100점

Q1

정답 : ①

해설 : 세계보건기구(WHO)는 마약류를 ▲약물 사용에 대한 욕구가 강제적일 정도로 강하고(의존성) ▲사용 약물의 양이 증가하는 경향이 있으며(내성) ▲이를 중단할 경우 신체적으로 고통과 부작용이 따르고(금단현상) **▲개인에 한정되지 아니하고 사회에도 해를 끼치는 약물**로 정의하고 있습니다.

> 💡 추가 꿀팁 정보
>
> 어린 시절부터 마약류의 위험성에 대해 교육하는 것이 매우 중요합니다. 그래서 학교 교육과정에서도 마약류 오·남용 예방 교육을 필수로 실시하도록 규정하고 있습니다.

Q2

정답 : 일반의약품은 의사의 처방 없이 살 수 있고, 전문의약품은 처방에 의해 사용할 수 있는 약입니다.

해설 : 일반의약품은 의사의 처방 없이 약국 등에서 살 수 있는 약으로 가벼운 증상에 사용합니다. 이는 반드시 어른의 확인을 받은 후에 설명서를 잘 읽고 따르도록 지도해야 합니다. 전문의약품은 반드시 의사의 지시에 따라 사용해야 합니다. 이는 의사의 처방에 의해 구입할 수 있는 약입니다. 따라서 약을 먹기 전에 부모님이나 어른에게 확인을 받도록 지도해야 합니다.

Q3

정답 : 1. 진통제 2. 감기약 3. 고카페인

해설 : 청소년이 흔히 사용할 수 있는 진통제, 감기약, 고카페인 음료의 부작용을 아는 것이 중요합니다.

1. 진통제의 부작용으로 간독성 부작용, 속쓰림 등 위장장애, 불면 및 심장이 두근거리는 증상이 나타날 수 있습니다.
2. 감기약의 부작용으로 현기증, 졸음, 입의 건조함, 중독성이 있습니다.
3. 에너지 음료라고 불리는 고카페인 음료의 부작용으로 심장 두근거림, 혈압 상승, 위장장애 증상이 나타날 수 있습니다.

Q4

정답 : ⑤

해설 : 약물은 치료, 예방, 진단 등의 목적으로 사용되어야 합니다. 그러므로 본 목적 외 건강 증진 등의 다른 목적으로 사용해서는 안 됩니다. 건강보조식품의 경우 건강 증진의 목적으로 사용되고 있습니다.

> 💡 추가 꿀팁 정보
>
> 청소년이 흔히 마시는 콜라 한 캔에는 카페인 74mg이 함유되어 있고, 담배 한 개비에는 1~2mg의 니코틴이 함유되어 있으며, 고카페인 에너지 음료 한 캔에는 카페인이 100mg이나 함유되어 있습니다.

Q5

정답 : X

해설 : 약물 오용은 약물을 질병 치료의 목적으로 사용하지만, 잘못된 방법으로 사용하는 것을 말합니다.

Q6

정답 : 호기심, 중독성, 의존, 내성

해설 : 건강을 위한 치료 목적이 아니라 스트레스 해소나 잠을 자지 않기 위해, 혹은 호기심이나 친구의 유혹 등으로 약물을 남용하는 경우가 많습니다. 그러나 이런 물질들은 중독성이 강하여 계속해서 반복적으로 사용하게 되며, 결국에는 약물에 의존하게 됩니다. 몸에도

내성이 생겨 복용하는 양은 점점 늘어나게 되고 집착하게 되면서 신체에 악영향을 미치는 악순환이 일어납니다.

> ### 💡 추가 꿀팁 정보
>
> 약물 남용에 한 번 빠지면 벗어나기 어렵습니다. 그래서 학생들이 호기심이나 친구의 권유 등으로 약물을 남용하지 않도록 지도하는 것이 중요합니다. 특히, 자라나는 학생들이 약물을 남용하게 되면 성장뿐만 아니라 학습 능력에도 방해가 될 수 있다는 점을 잊지 말아야 합니다.

Q7

정답 : 운동, 친구, 자리, 싫다

해설 : 1. 약물 대신 산책과 같은 운동을 하자고 대안을 제시하는 방법이 있습니다.

2. 약물을 하는 친구들과 어울리지 않고, 약물을 권하면 싫다고 말하고 자리를 피하는 것이 중요합니다.

3. "나는 안 해."와 같이 단순하게 '싫다.'고 말합니다.

아동·청소년기는 신체적·정신적으로 미성숙한 상태이기 때문에 한 번의 약물 사용으로도 쉽게 의존성이 생길 수 있습니다. 따라서 반드시 전문가와의 상담을 통해 질병 치료와 증상 완화에 적합한 의약품을 선택하여 바르게 사용하는 것이 중요합니다.

또한, 마약류 의약품과 카페인 음료 등 아동·청소년들이 남용할 만한 약물의 종류가 어떤 것인지 알고 있어야 합니다. 그리고 약물 남용으로 인한 신체적·정신적·사회적 폐해와 위험성에 대해서도 교육해야 합니다. 아울러, 자신만의 거절 방법을 만들어서 약물 권유를 받는 상황이 발생하면 거절할 수 있도록 지도해야 합니다. 선생님들의 관심과 사랑이 약물로부터 아동·청소년의 안전을 지킬 수 있습니다.

흡연·음주에 빠지지 않고
스마트하게 사는 청소년!

아니, 이런 사건이?

　보건복지부에 따르면 첫 음주 경험 나이는 13.3세로 나타났습니다. 알코올은 세계보건기구(WHO)가 지정한 '1급 발암물질'로 지방간, 간암 등 간 질환의 주요 원인이며 뇌, 혈관 등에 관련된 200여 질환이 있고, 특히 청소년에게 많은 문제점을 유발합니다.

　또한, 우리나라 청소년의 첫 흡연 연령은 12.7세로 나타나고 있습니다. 이

러한 흡연은 신체 성장이 미숙한 청소년에게는 더 큰 피해를 일으킬 수 있습니다. 실제로 15세 이전에 흡연을 시작한 사람의 암 발생률이 25세 이후에 흡연을 시작한 사람보다 4배 가까이 높았는데, 특히 폐암은 18배나 높습니다. 2020년 청소년 건강행태 온라인 조사에 따르면, 청소년 흡연율은 6.7%, 음주율은 10.7%로 나타났습니다. 백해무익한 청소년의 음주와 흡연 문제, 어떻게 예방할 수 있을까요?

예방 교육의 필요성

우리나라에서 사망률이 가장 높은 병은 무엇일까요? 바로 암입니다. 그 중 폐암으로 인한 사망이 36년째 1위를 차지하고 있는데, 이러한 폐암의 원인의 약 90%는 바로 흡연입니다. 특히, 청소년기에 흡연을 시작하면 그 위험도가 매우 높습니다. 음주에 의한 청소년의 알코올 중독도 매우 위험합니다. 국제암연구소는 술을 담배와 같은 등급인 1급 발암물질로 정의하고 있고, 특히 청소년기에는 신체 및 뇌 발달 장애를 초래합니다. 음주와 흡연은 청소년 건강에 큰 영향을 끼치는 만큼 예방 교육이 중요합니다.

당신의 안전 상식은 안전합니까? 안전 상식 자가진단 ✏️

주제 : 청소년 흡연의 위험성 배점 : 10점 난이도 : ★☆☆

 청소년 흡연이 위험한 이유로 적절하지 **않은** 것은 무엇일까요?

① 담배에는 7,000여 가지의 독성 화학물질과 70여 가지의 발암물질이 함유되어 있다.

② 청소년기 흡연은 성장을 방해하기도 한다.

③ 성인이 된 후에 흡연을 시작하는 것과 암 발생률은 동일하지만, 학습 능력
에 영향을 미치기 때문에 위험하다.

④ 담배의 유해물질은 혈액 내의 헤모글로빈과 산소의 결합을 방해한다.

주제 : 담배 속의 유해물질 배점 : 15점 난이도 : ★★☆

 다음은 담배 속의 유해물질에 대한 설명입니다. 괄호 안의 알맞은 낱말은
각각 무엇일까요? (각 5점)

1. (ㄴㅋㅌ)   : 담배의 대표적인 중독성 물질로서 칼슘의 흡수를
막고 뼈의 성장을 방해한다.

2. (ㅇㅅㅎㅌㅅ) : 무색, 무취의 기체로서 혈액의 산소 운반 능력을 떨
어뜨려 저산소증을 초래함으로써 기억력, 학습 능
력, 피로감 등을 일으킨다.

3. (ㄷㄹ)   : 담배가 탈 때 생기는 끈적끈적한 독성물질로서 폐
암을 일으키는 가장 큰 원인을 제공하는 물질이다.

주제 : 간접흡연 배점 : 15점 난이도 : ★★☆

Q3 다음은 간접흡연에 대한 설명입니다. 옳지 **않은** 것은 무엇일까요?

① 2차 또는 3차 흡연이라고도 한다.

② 아이들이 잠깐 외출했을 때는 담배를 피워도 전혀 상관이 없다.

③ 부모가 흡연을 한다면 손과 몸 그리고 옷 등을 통해 아이들에게 간접흡연의
영향을 준다.

④ 가구, 벽 등으로도 니코틴과 타르 등이 옮겨 붙어 간접흡연의 피해를 줄 수
있다.

Q4 술은 에탄올, 물, 첨가물이 혼합된 1% 이상의 에틸알코올을 함유한 모든 음료이다.

(○ / X)

 Q5 다음은 청소년 음주에 대한 설명입니다. 옳지 **않은** 것은 무엇일까요?

① 2019년 우리나라 10대 알코올 중독 환자 수는 2,000명이 넘는다.

② 부모의 음주는 자녀의 음주에 역할모델이 되어 악영향을 미칠 수 있다.

③ 청소년기 음주는 신체 및 뇌 발달 장애를 초래하지만, 잠이 오지 않을 때는 도움이 될 수도 있다.

④ 음주는 청소년에게 만성 스트레스, 치아 손상, 체중 증가 등을 유발할 수 있어 각별히 주의해야 한다.

Q6 다음은 청소년 카페인 중독의 위험성에 대한 글입니다. ①과 ②에 들어갈 단어는 각각 무엇일까요? (각 10점)

> 갈증을 해소하거나 잠을 쫓기 위해, 또 스트레스 해소를 위해 고카페인 에너지 음료를 많이 찾습니다. 국내 대학 연구팀의 연구 결과, 중학생이 카페인 함량이 높은 에너지 음료를 주 1~2회 마실 경우 ① (○○) 생각 위험이 1.24배, 매일 1회 이상 섭취하면 2.66배 높아지는 것으로 나타났습니다. 카페인을 과다 섭취하면 신경과민과 ② (○○)장애 등 정신건강에 미치는 부작용이 심각하기 때문입니다.

다음은 흡연·음주·카페인에 중독된 승호에게 친구들이 하는 조언입니다. 적절한 조언을 하는 친구를 **모두** 고르세요.

① 민석 : 얼음물을 마시거나 껌을 씹어서 입속을 자극해 봐.

② 형민 : 담배를 피우지 않겠다고 끊임없이 생각하고 의식을 해.

③ 지은 : 난 언제나 네 편이야. 승호야, 힘들면 꼭 얘기해.

④ 승배 : 술, 담배, 카페인 모두 백해무익이야! 완전히 끊어야 해.

뒷장의 정답을 보고 자신의 안전 상식 점수를 확인해 보세요. 틀린 문항에 재도전하여 놓치고 있던 안전 상식을 꼭! 기억하기 바랍니다.

나의 안전 상식 점수

/ 100점

Q1

정답 : ③

해설 : 담배에는 약 7,000여 가지의 독성 화학물질과 70여 가지의 발암물질
이 함유되어 있습니다. **이러한 담배는 신체 성장이 미숙한 청소년에
게는 더 큰 피해를 일으킵니다.** 실제로 15세 이전에 흡연을 시작한
사람의 암 발생률이 25세 이후에 흡연을 시작한 사람보다 4배 가까
이 높고, 특히 폐암의 경우에는 18배나 높습니다. 또한, 담배의 유해
물질은 혈액 내의 헤모글로빈과 산소의 결합을 방해합니다. 그 결과
로 인체에 산소 공급을 떨어뜨려 청소년기의 성장을 방해합니다. 이
는 학습 능력에도 영향을 미칩니다.

Q2

정답 : 1. 니코틴 2. 일산화탄소 3. 타르

해설 : 1. **니코틴** : 담배 속의 대표적인 강력한 중독성 물질로서 칼슘의 흡
수를 막고 성장판의 혈관을 수축시켜 뼈의 성장을 방해합니다. 또
한, 흡연을 하면 뇌세포가 파괴돼 기억력 및 집중력이 감퇴합니다.
따라서 담배를 피우는 학생 중에 학습 능력이 현저하게 떨어지게
되는 경우가 많습니다.

2. **일산화탄소** : 무색, 무취의 기체로서 산소가 부족한 상태로 연료
가 연소할 때 불완전연소로 발생합니다. 사람의 폐로 들어가면 혈
액 중의 헤모글로빈과 결합하여 산소 보급을 가로막아 심한 경우
사망에까지 이를 수 있습니다. 일산화탄소는 연탄의 연소가스나
자동차의 배기가스 중에 많이 포함돼 있습니다. 담배 속에 포함
된 일산화탄소는 혈액의 산소 운반 능력을 떨어뜨려 저산소증을
초래함으로써 기억력과 학습 능력 저하, 피로감 등을 일으킵니다.

3. **타르** : 담배가 탈 때 끈적끈적하게 생기는 농축된 독성물질로서
구강, 기관지, 폐 등에 작용하여 암을 일으키는 물질입니다. 폐암

을 일으키는 가장 큰 원인을 제공하는 물질이기도 합니다.

Q3

정답 : ②

해설 : 3차 흡연이란 담배를 피울 때 흡연자의 몸에 붙거나 가구, 벽 등으로 옮겨 붙은 니코틴과 타르 등의 담배 부산물로 인해 간접흡연 피해를 입는 것을 말합니다. 그러므로 **아이들이 외출을 하더라도 부모가 흡연을 한 경우 손과 몸, 가구 등에 있던 담배 부산물로 3차 간접흡연 피해를 입을 수 있습니다.**

Q4

정답 : ○

해설 : 술은 에탄올, 물, 첨가물이 혼합된 1% 이상의 에틸알코올을 함유한 모든 음료입니다. 술의 주성분인 에틸알코올은 중추신경계를 억제하는 중독성 약물이며, 지속적으로 많은 양의 술을 마시게 되면 여러 가지 신체적·정신적 폐해를 가져오고 알코올 의존증에 빠질 수 있습니다. 아세트알데히드는 알코올을 간에서 해독하고 분해하는 과정에서 생기는 매우 독성 강한 화학물질로 1급 발암물질입니다.

Q5

정답 : ③

해설 : 음주는 수면장애를 유발합니다. 술을 마시면 잠이 잘 온다고 생각하는 사람이 많지만, 이는 오해입니다. 취침 1시간 전 술을 마시면 수면을 유도하는 멜라토닌 생성이 감소되어 숙면을 방해합니다. 또한, 속쓰림, 잦은 이뇨감, 근육의 이완으로 인한 호흡 방해 등에 의해 수면의 질이 떨어집니다.

Q6

정답 : ① 자살 ② 수면

해설 : 갈증을 해소하거나 잠을 쫓기 위해, 또 스트레스 해소를 위해 고카페인 에너지 음료를 많이 찾습니다. 국내 대학 연구팀의 연구 결과,

중학생이 카페인 함량이 높은 에너지 음료를 주 1~2회 마실 경우 자살 생각 위험이 1.24배, 매일 1회 이상 섭취하면 2.66배 높아지는 것으로 나타났습니다. 카페인을 과다 섭취하면 신경과민과 수면장애 등 정신건강에 미치는 부작용이 심각하기 때문입니다.

💡 추가 꿀팁 정보

카페인 중독을 예방하기 위해서는 음료 라벨에 있는 고카페인 함유량을 확인하도록 학생들을 지도합니다. 카페인 섭취량이 많을수록 눈에는 처음에는 집중되나 나중에는 더 피로해지는 영향을 줍니다. 뇌에는 뇌 각성, 불면증, 행동 불안 손 떨림, 자살 등을 유발할 수 있습니다. 간에는 철분 흡수 방해로 빈혈을 유발할 수 있습니다.

정답 : 민석, 지은

해설 : 담배에 대해 끊임없이 생각하고 의식하는 것보다는 산책이나 친구와의 통화, 취미 활동 등 다른 것에 몰두하려고 노력하는 것이 도움이 됩니다. (= 형민) 또한, 카페인은 적당량을 섭취하면 신체 각성에 도움이 되기 때문에 완전히 끊는 것이 아니라 섭취량을 적절하게 줄이는 것이 중요합니다. (= 승배)

💡 추가 꿀팁 정보

음주 욕구를 이겨낼 수 있는 방법

1. 규칙적인 운동하기 : 걷기나 줄넘기와 같은 규칙적인 운동으로 스트레스를 해소하도록 합니다.
2. 나를 응원하는 지지자 찾기 : 스트레스를 많이 받고 있을 때는 마음을 공유할 수 있는 친구나 부모님, 선생님과 함께 이야기를 나누어보는 것도 큰 도움이 됩니다.
3. 마음 이완하기 : 심호흡이나 명상, 독서 등으로 마음을 이완시키도록 합니다.

흡연 욕구를 이겨낼 수 있는 방법

1. 물 마시기 : 물이나 얼음물을 마시면, 물이 입속의 감각을 자극해서 흡연 욕구를 줄여줍니다. 이외에도 껌을 씹거나 무가당 사탕을 먹는 것도 효과적입니다.

2. 다른 생각하기 : 산책이나 친구와의 통화, 취미 활동 등 다른 것에 몰두하려고 노력해 봅니다.

3. 심호흡하기 : 담배 연기를 빨아들이는 흡연 습관을 대체하는 심호흡 방법은 금단 증상을 이기는 데 가장 효과적입니다. 숫자를 8까지 세면서 천천히, 깊이 숨을 들이쉬면서 담배를 잠깐이나마 잊는 것이 중요합니다.

카페인 욕구를 이겨낼 수 있는 방법

카페인 하루 권장 섭취량은 몸무게 1kg당 2.5mg으로 계산합니다. 예를 들어 청소년 몸무게가 50kg일 경우 125mg이 하루 권장량입니다. 졸음을 쫓기 위해 카페인이 필요하다면, 양질의 수용성 카페인과 비타민, 미네랄, 칼슘을 섭취할 수 있는 차나 물을 마시는 것이 좋습니다. 카페인 식품을 섭취하고자 할 때에는 반드시 제품의 카페인 함량을 확인하고 최대 일일섭취권고량 이하로 마시도록 권합니다.

청소년 시기에 시작하면 더 위험한 흡연, 음주, 카페인! 1급 발암물질인 알코올, 폐암의 주범인 흡연은 특히 자라나는 청소년들에게 신체와 뇌 발달 장애를 초래합니다. 그리고 청소년들이 쉽게 접할 수 있는 카페인 음료를 과잉 섭취하면 자살 생각에 영향을 미칠 수 있습니다. 그러므로 아동·청소년들이 흡연과 음주, 고카페인 음료에 빠지지 않도록 각별한 지도가 필요합니다.

안타깝게 이미 시작했다면, 구체적인 계획을 잡고 조금씩 줄여나가도록 노력해야 합니다. 심하게 중독된 경우에는 중독 프로그램에 참여하여 중독에서 벗어나도록 해야 합니다. 우리 청소년들이 중독에 빠지지 않고, 건강한 몸과 마음으로 행복한 학교 생활을 할 수 있도록 도울 수 있는 중심에 선생님들이 계십니다.

전자기기 사용, 통제만이 답이다?
'올바른 사이버 조절력 기르기'

아니, 이런 사건이?

"스마트폰이 없으면 불안해요", "스마트폰을 오래하는 것이 습관이 되었어요.", "그만해야지 생각하면서도 계속해요.", "스마트폰이 공부에 방해가 돼요."

이러한 스마트폰 중독 증상을 호소하는 청소년이 3명 중 1명으로 조사됐습니다. 스마트폰이 일상에서 가장 우선시되는 활동이 되고 이용조절력이 감소해 신체적, 심리적, 사회적 문제를 겪는 상태를 '스마트폰 과의존'이라고

합니다. 청소년의 경우 35.8%가 과의존 위험군에 포함된다고 합니다.

최근 컴퓨터나 스마트폰 사용으로 인해 인터넷이나 게임에 푹 빠져서 벗이니지 못해서 자신의 삶에 영향을 받는 사이비 중독의 위험성이 점점 거지고 있습니다.

예방 교육의 필요성

아동과 청소년은 특히 부모가 스마트폰 과의존 위험군이거나 맞벌이 가정일 때 과의존 위험군일 확률이 더 높았습니다. 게임이나 유튜브, 채팅을 하느라 꼭 해야 할 일을 하지 못한 경험이 있다고 대답한 학생이 무려 2명 중에 1명! 사이버 중독에 빠지면 학업을 소홀히 하게 되고, 수면 시간이 줄어들면서 이로 인해 거짓말이 늘어날 수 있습니다. 또한, 게임이나 인터넷 세상이 더 좋아지기도 합니다. 이러한 사이버 중독에 대해 선생님들이 잘 알고 있어야 그들을 도울 수 있습니다.

당신의 안전 상식은 안전합니까? 안전 상식 자가진단

주제 : 청소년 사이버 중독의 위험성 배점 : 10점 난이도 : ★☆☆

 Q1 스마트폰 중독 위험성에 대한 설명으로 옳지 **않은** 것은 무엇일까요?

① 청소년 3명 중 1명은 스마트폰 중독 상태이다.
② 나이가 어릴수록 스마트폰 과의존 위험성이 높다.
③ 외벌이 가정에서 유·아동, 청소년의 스마트폰 과의존 위험이 맞벌이 가정보다 높다.
④ 스마트폰 과의존 해소 방안으로는 '대체 여가 활동', '과다 사용에 대한 경고 문 제시' 등이 꼽힌다.

다음은 스마트폰 중독의 종류입니다. ○○에 들어갈 말은 각각 무엇일까요?
(각 5점)

1. 모바일 ○○ 중독 : 학교 생활, 친구 관계 등 일상생활에서 문제가 될 만큼 모바일 ○○에만 병적으로 빠져든 상태
2. 모바일 ○○○ 중독 : 카카오톡 등 스마트폰의 문자 보내고 받는 것에 병적으로 빠져든 상태
3. 모바일 ○○ 콘텐츠 중독 : 스마트폰으로 볼 수 있는 성인물, 야한 동영상에 병적으로 빠져든 상태
4. 모바일 ○○ 중독 : 특정 정보를 얻겠다는 생각 없이 스마트폰을 이용하여 계속 충동적으로 생각나는 정보만을 병적으로 찾아 헤매는 상태

다음 중 학생들이 사이버 중독 상태일 때 보이는 행동으로 옳지 <u>않은</u> 것은 무엇일까요?

① 성적이 떨어지고 학교 생활에 불성실해진다.
② 허리와 팔다리에 통증이 오고 시력이 떨어진다.
③ 부모님이나 선생님께 혼날까 봐 거짓말을 한다.
④ 실제로 살아가는 삶은 재미가 없고 게임 세상에서만 마음이 편안해진다.
⑤ 게임으로 스트레스를 해소함으로써 부모님이나 친구들과의 사이가 좋아진다.

첨단 디지털 기기를 지나치게 많이 사용하여 자극적인 것에만 반응할 뿐 다른 사람의 감정이나 느리게 바뀌는 진짜 현실에는 무감각해지는 현상으로, 스마트폰의 폐해 중의 하나로 지목되는 것은 무엇일까요?

(ㅍㅋ) 브레인 현상

Q5 사이버 중독이 의심되는 학생에게 예방 교육을 실시하려고 합니다. 선생님이 이 학생과 할 수 있는 약속을 다음 단어를 넣어 3개의 문장으로 써 보세요.

> 해야 할 일, 사용 시간, 잠자는 시간

Q6 다음은 사이버 중독 학생에 대한 대처 방법입니다. 적절하지 **않은** 것은 무엇일까요?

① 친구들과 신체적 활동을 늘린다.
② 컴퓨터 하는 시간을 일정하게 한다.
③ 가상공간이 아닌 현실에서 대인관계를 늘린다.
④ 인터넷을 절대로 사용하지 않게 한다.

뒷장의 정답을 보고 자신의 안전 상식 점수를 확인해 보세요. 틀린 문항에 재도전하여 놓치고 있던 안전 상식을 꼭! 기억하기 바랍니다.

나의 안전 상식 점수

/ 100점

Q1

정답 : ③

해설 : 과학기술정보통신부에 따르면, 맞벌이 가정에서는 유·아동의 26.1%, 청소년의 33.3%가 스마트폰 과의존 위험군으로 나와 외벌이 가정에서 유·아동(20.8%)·청소년(26.7%)의 비율보다 높았습니다. **가정에서 돌봐주는 부모님이 계시지 않는 시간에 스마트폰에 의한 영향을 많이 받을 수 있다는 것입니다.** 따라서 맞벌이 가정의 아이들을 더 유심히 관찰해야 할 필요가 있습니다.

Q2

정답 : 1. 게임 2. 메신저 3. 성인 4. 검색

해설 : 모바일로 인한 게임, 메신저, 성인 콘텐츠, 검색 중독 등이 늘어나고 있는 실정입니다. 특히, 온라인교육이 일상이 되고 있는 요즘 학생들의 건강에 빨간 불이 켜지고 있습니다. 학생들을 지도하는 선생님들은 이 점에 유념해야 합니다.

Q3

정답 : ⑤

해설 : 게임을 방해하는 부모님이나 친구에게 화를 내거나 예민해지게 되면, 주변 사람들과의 사이가 틀어질 수 있습니다. 또한, 과격한 게임으로 인해 폭력적으로 변할 수 있습니다.

💡 **추가 꿀팁 정보**

사이버 중독 상태의 학생들은 다음과 같은 행동을 보입니다.

1. 자꾸만 컴퓨터나 스마트폰을 쓰고 싶어요.

사이버 중독 상태의 학생들은 인터넷이나 게임을 하지 않는 동안에도 자꾸만 머릿속에 떠오르고, 접속해 있지 않는 동안에 새로운 일들이 일어나고 있는 것 같은 생각에 계속 불안한 감정이 듭니다.

---

2. 자꾸만 거짓말을 하게 돼요.

사이버 중독이 심해지면 공부나 운동, 친구와 만나 함께 어울리는 시간이 줄어들고 인터넷이나 게임을 하는 시간이 많이 늘어나게 됩니다. 심지어 자야 할 시간에도 스마트폰을 보고 있게 되기도 합니다. 꼭 해야 할 일을 미루거나 하지 않고, 잠을 자는 시간도 줄어들면서 지각, 조퇴, 심지어 결석까지 하게 되는 경우도 있습니다. 이때 부모님이나 선생님께 혼날까 봐 거짓말로 변명을 하게 됩니다.

3. 인터넷이나 게임 속 세상이 더 좋아요.

사이버 중독에 더 이상 벗어날 수 없는 단계가 되면, 실제로 살아가는 삶은 재미가 없고 인터넷과 게임 세상에서만 마음이 편안해지는 것을 느끼게 됩니다.

Q4

정답 : 팝콘 브레인 현상

해설 : 청소년기에 자극적인 게임이나 음란 영상을 보게 되면 뇌에는 '팝콘 브레인' 현상이 나타납니다. **팝콘 브레인**popcorn brain **현상이란 첨단 디지털 기기를 지나치게 많이 사용하여 팝콘처럼 곧바로 튀어 오르는 것에만 반응할 뿐 다른 사람의 감정이나 느리게 바뀌는 진짜 현실에는 무감각해지는 것을 말합니다.** 컴퓨터나 스마트폰 등과 같은 첨단 디지털 기기가 급속히 보급되면서 생기는 현상으로, 스마트폰의 폐해의 하나로 지목되곤 합니다.

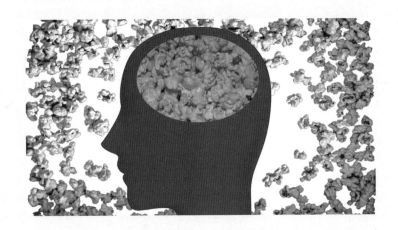

정답 및 해설 :

Q5

1. 해야 할 일을 먼저 마친 후 컴퓨터나 스마트폰 사용하기

해야 할 일을 다 끝낸 후에 인터넷이나 스마트폰을 사용하도록 지도합니다.

2. 컴퓨터나 스마트폰 사용 시간 기록하기

오늘 하루 동안 인터넷이나 스마트폰 사용 시간을 직접 써 보게 합니다. 이를 통해 지금까지 사용한 시간을 되돌아보면서 스스로 조절할 수 있는 능력을 기를 수 있습니다. 스마트폰 활용 계획을 세우고 1주일 동안 지킨 뒤에 성공 여부를 표시해 보고, 성공한 경우 보상 계획을 세우도록 하는 것도 좋습니다.

요일	사용시간	성공 여부	
		별점	한줄 평
월		☆☆☆☆☆	
화	2시간	★★★★★	하루에 2시간 만 스마트폰을 사용하기로 한 약속을 지켰다.
수		☆☆☆☆☆	
목		☆☆☆☆☆	
금		☆☆☆☆☆	
토		☆☆☆☆☆	
일		☆☆☆☆☆	

3. 인터넷 때문에 잠자는 시간을 어기는 일이 없도록 하기

잠자는 시간과 일어나는 시간을 정해 놓고 꼭 지키도록 합니다.

Q6

정답 : ④

해설 : 인터넷을 절대로 사용하지 않게 하는 방법보다는 습관적으로 하지 않으면서 자기 스스로 통제할 수 있는 힘을 길러주는 것이 무엇보다 중요합니다. 책 읽기와 같은 대안 활동을 제시하거나 인터넷 사용 시간을 정해 놓고 하도록 하며, 약속을 지켰을 때는 보상을 해 주는 것도 하나의 방법이 될 수 있습니다.

안전 Talk Talk 💬

김미숙 보건교사 Says

컴퓨터나 스마트폰으로 하는 인터넷이나 게임에 푹 빠져서 벗어나지 못해 자신의 삶에 영향을 받는 것을 사이버 중독이라고 합니다. 요즘 청소년 3명 중 1명이 스마트폰 중독에 빠져 있습니다. 또 2명 중 1명은 게임이나 유튜브, 채팅을 하느라 꼭 해야 할 일을 하지 못한 경험이 있다고 조사되었습니다.

이러한 사이버 중독에 청소년이 더 취약한 이유는, 청소년은 만 12세 정도가 되면 신체 발달은 거의 다 이루어지지만 감정의 뇌인 변연계가 발달하는 시기이기 때문입니다. 뇌의 전두엽이 발달하기까지 10~12년이 걸리기 때문에 이 시기에 물질이나 행위 중독에 빠지기 쉽습니다. 도파민의 과잉 분비는 스릴을 추구하는 청소년들을 자극할 수 있기 때문입니다. 따라서 청소년들이 사이버 중독에 빠지지 않도록 선생님들의 각별한 지도가 필요합니다.

다양한 학교 생활 안전 한 방에 해결!
현직 보건교사의 생생한 사례 이야기

엄주하 보건교사

이제는 피할 수 없다!
'신종 감염병 예방과 관리'

아니, 이런 사건이?

1976년 에볼라바이러스, 1997년 조류독감, 2003년 사스, 2009년 신종플루, 2015년 메르스, 2019년 코로나19….

21세기 최악의 전염병 코로나19는 WHO가 3번이나 팬데믹을 선언했을 정도로 전 세계에 영향력을 끼쳤으며, 우리나라에도 역시 학교 폐쇄, 온라인 학습, 비대면 사회로의 전환 등 일상적인 생활의 변화를 가져왔습니다. 최근

급속한 기후 변화와 글로벌화 등에 따른 주기적인 감염병뿐만 아니라 일상 생활 속 황사와 미세먼지가 우리의 건강과 활동을 제한하고 있습니다. 새롭게 발생되는 감염병 및 환경 질환 위험 요소는 이렇게 우리의 일상을 위협하고 있습니다.

예방 교육의 필요성

코로나19는 2020년 전 세계를 강타한 21세기 최악의 감염병으로서 학교가 폐쇄되고 온라인 학습으로 이어지는 비대면 사회를 만들었습니다. 감염병은 단순히 한 번으로 그치는 것이 아니라 계속해서 신종 바이러스가 만들어져 우리의 안전을 위협합니다. 특히, 급속한 기후 변화와 글로벌화 등에 따라 감염병, 미세먼지와 같은 신종 자연재난 질병도 새롭게 주기적으로 발생되어 우리의 일상을 위협하고 있습니다.

또한, 신종 감염성 바이러스에 대한 정보를 알아내기 전까지는 그 질병에 대한 치료약도 백신도 없습니다. 따라서 일상 속에서 꼭 지켜야 할 생활방역 수칙과 대처 방법을 학생들이 알 수 있도록 해야 합니다.

당신의 안전 상식은 안전합니까? 안전 상식 자가진단

주제 : 감염병의 정의 배점 : 10점 난이도 : ★☆☆

다음은 감염병의 정의입니다. 빈칸에 들어갈 알맞은 말은 무엇일까요?

감염병이란 동일한 (ㅂㅇㅊ)에 감염된 사람이 짧은 시간 동안 빠르게 증가하는 병이다.

주제 : 감염병 예방 교육의 핵심 내용   배점 : 10점   난이도 : ★☆☆

Q2 대부분의 감염성 질환은 공기를 통해 코나 입으로 병균이 직접 침입한다.

(○ / X)

주제 : 감염병 예방 방법   배점 : 20점   난이도 : ★★☆

Q3 다음은 감염병 예방 방법에 대한 설명입니다. 빈칸에 들어갈 알맞은 낱말은 무엇일까요?

> 새롭게 변화하는 질병에 대해서 건강을 지켜주는 '(ㅅㅎㅂㅇㅅㅊ)'은 전염병이 발생하거나 유행하는 것을 미리 막는 일로서 중요하다. 독성이 너무 강하면 전염이 잘 안 된다. 걸린 사람이 움직이면서 퍼뜨리지 못하기 때문이다. 바이러스 입장에서는 전략적으로 독성이 적당히 강해야 득세하게 된다. 코로나19가 위험한 이유가 적당히 강하므로 전염력이 높기 때문이다. 이에 전염력을 줄이기 위한 '(ㅅㅎㅂㅇㅅㅊ)'인 마스크 쓰기, 손 씻기, 사회적 거리 두기 등을 통한 개인 위생 관리를 철저히 해서 감염의 확산을 예방해야 한다.

주제 : 감염병 예방 교육의 핵심 내용   배점 : 20점   난이도 : ★★☆

Q4 다음은 학생들에게 감염병 예방을 위해 교육할 마스크 착용 방법에 대한 내용입니다. 빈칸에 들어갈 내용은 무엇일까요? (각 5점)

> 1. (   ) 후 마스크를 착용한다.
> 2. 얼굴 크기에 맞는 마스크를 선택해 (ㅁㅊ)되도록 착용한다.
> 3. 마스크 겉면을 (   ) 않는다.
> 4. 한 번 사용한 마스크는 (   ).

주제 : 감염병 예방 교육의 핵심 내용   배점 : 10점   난이도 : ★☆☆

Q5 다음은 학생들에게 감염병 예방을 위해 교육할 내용입니다. 적절하지 <u>**않은**</u> 것은 무엇일까요?

① 제습기 등으로 실내 습도를 낮게 유지한다.

② 가급적 손으로 눈, 코, 입을 만지는 것을 피한다.

③ 매일 2번 이상 환기하고 수기석으로 소독을 한다.

④ 발열이나 호흡기 증상(기침, 목 아픔, 콧물이나 코막힘)이 있을 때는 집에 머무른다.

⑤ 사람들이 많이 모이는 밀집된 장소에 가는 것은 되도록 삼가고, 두 팔 간격 1~2미터 정도 거리를 둔다.

주제 : 재난 상황이 발생했을 때 교사의 단계별 대처 방법   배점 : 30점   난이도 : ★★★

 다음은 재난 상황이 발생했을 때의 선생님의 단계별 대처 방법입니다. 빈 칸에 들어갈 말은 각각 무엇일까요? (각 10점)

1. 학교 활동 전, (감염병, 황사, 미세먼지, 오존 포함) 행동 요령 상태 확인 및 학생의 안전을 저해하는 요소가 없는지 질병재난 발생 상황 확인 사이트에서 (ㅈㄱ)한다.
2. 재난 질환에 따른 (ㄷㄱ)를 확인한다.
3. 건강관리 및 생활방역수칙을 (ㅇㄴ)하고 실천한다.

뒷장의 정답을 보고 자신의 안전 상식 점수를 확인해 보세요. 틀린 문항에 재도전 하여 놓치고 있던 안전 상식을 꼭! 기억하기 바랍니다.

나의 안전 상식 점수

/ 100점

Q1

정답 : 병원체

해설 : 병원체는 사람이나 동물의 몸속 숙주에 기생하며, 바이러스, 세균 등의 미생물과 기생물, 프리온 등 종류가 다양합니다. 또한, 기침이나 배설물을 통해서 몸 밖으로 나와 사람들 간의 접촉이나 음식 등을 통해 감염됩니다.

Q2

정답 : X

해설 : 대부분의 감염성 질환은 공기를 통해 코나 입으로 병균이 직접 침입하기보다는 바이러스가 묻은 손을 눈이나 코, 입에 갖다 댐으로써 감염됩니다. 그러므로 올바른 손 씻기(소요시간 40~60초)만 해도 감염성 질환의 70%는 예방이 가능합니다.

💡 **추가 꿀팁 정보**

손 씻기는 오염된 손을 거쳐 바이러스가 몸에 들어가는 것을 막아 주며, 평소에도 자주 비누를 사용하여 30초 이상 흐르는 깨끗한 물에 씻어야 하고, 귀가하면 몸을 깨끗이 씻습니다.

언제 손을 씻어야 할까요?
1. 외출 직후
2. 대소변 본 후
3. 재채기 시, 손으로 가렸을 때
4. 애완동물 만진 후
5. 요리하기 전
6. 음식 먹기 전
7. 돈을 만진 후
8. 상처를 만진 후
9. 콘택트렌즈 착용 전후
10. 스마트폰, 키보드 사용 후

Q3

정답 : 생활방역수칙

해설 : 평소 손 씻기 생활화 등 개인위생관리를 철저히 하고 충분한 수분과 영양 섭취로 개인 면역력을 높여야 합니다.

> 💡 추가 꿀팁 정보
>
> 생활방역수칙의 기본은 다음과 같습니다.
> 제 1수칙 : 증상 발현 시, 빠르게 관할 보건소로 연락하여 감염병 검사
> 제 2수칙 : 나를 위한, 가족을 위한, 모두를 위한 마스크 착용
> 제 3수칙 : 30초 이상 손 씻기와 수시로 손 소독
> 제 4수칙 : 생활 속 거리 두기 실천으로 바이러스의 전파 예방
> 제 5수칙 : 매일 2회 이상 환기와 주기적으로 소독하기
> 제 6수칙 : 행사와 단체 모임, 집회 등의 다수 모임은 되도록 자제
> 제 7수칙 : 생활 속 거리는 유지하되 마음만은 가까이!

Q4

정답 : 1. 손을 깨끗하게 씻은

2. 밀착

3. 손으로 만지지

4. 다시 사용하지 않습니다.

해설 : 질병관리본부에 따르면 코로나19 감염자이면서 마스크를 사용하지 않을 경우, 건강한 마스크 미착용자에 대한 감염률은 100%입니다. 또한, 마스크 미착용자가 착용자에게는 70%, 마스크 착용자가 미착용자에게는 5%, 마스크 착용자 간에는 1.5% 감염률을 보인다고 합니다.

> 💡 추가 꿀팁 정보
>
> 기침, 재채기를 할 경우 휴지나 손수건, 옷소매를 이용해 입 가리기 등 기침에 티켓을 지키고, 기침이 계속된다면 마스크 착용을 권장합니다.

Q5

정답 : ①

해설 : 감염병을 예방하기 위해서는 가습기로 실내 습도를 40~60%로 일정하게 조절하는 것이 좋습니다. 미국 필라델피아 연구진들의 코 면역 기능과 습도 간의 연관성을 밝히기 위한 실험 결과, 건조한 날씨에 가습기로 실내 습도를 높이면 우리 몸의 면역 기능이 활성화되기 때문에 가습기 사용이 감염병 예방에 확실한 도움을 줄 수 있습니다. 그러나 올바르게 관리하지 않으면 오히려 호흡기 건강을 해칠 수 있으므로 가습기 청결에 신경 써야 합니다.

Q6

정답 : 1. 점검 2. 단계 3. 안내

💡 추가 꿀팁 정보

1. 질병재난 발생 상황 확인 사이트는 다음과 같습니다.
- 국민재난안전포털 : http://www.safekorea.go.kr
- 기상청 : www.kma.go.kr, 전화 : 02) 841-0011, 국번 없이 131 (지역 기상 정보 : 지역번호＋131)
- '전국실시간 대기오염도' 에어코리아 홈페이지 : www.airkorea.or.kr
2. 국가에서는 질병을 재난으로 분류하여 감염병은 관심, 주의, 경계, 심각의 4단계로, 황사 및 미세먼지는 좋음, 보통, 나쁨, 매우 나쁨의 4단계로, 오존은 주의보, 경보, 중대 경보의 3단계로 안내하고 있으니 이를 잘 확인합니

다. 또한 질병재난에 맞는 안전수칙도 확인합니다.

3. 각 단계에 따라서 생활안전 대처 방안(매뉴얼)을 숙지하여 학생·학부모 대상으로 건강관리 및 생활방역수칙에 대한 가정통신문을 발송하고 안전교육을 시행합니다. 또한, 홍보 영상, 리플릿, 교내 방송 등을 활용하여 안내하고 행동 요령을 실천해야 합니다.

안전 Talk Talk 💬
엄주하 보건교사 Says

최근 우리 사회는 급속한 기후 변화와 세계화에 따라 신종 질병이 발생되고 있습니다. 코로나19와 같은 신종 바이러스 감염병뿐만 아니라 황사, 미세먼지 등 환경 질환 위험 요소가 우리의 삶을 위협하고 있습니다. 신종 질병이 발생되었을 때 치료약이나 백신이 개발되기 전까지라도 우리를 지켜줄 수 있는 방역이 필요합니다. 따라서 일상 속에서 꼭 지켜야 할 생활방역수칙과 대처 방법을 알 수 있도록 학생들을 지도해야 합니다.

기본 생활방역수칙인 마스크 착용, 30초 이상 손 씻기 및 손 소독, 매일 2회 이상 환기와 주기적인 소독, 생활 속 거리 두기로 평상시 생활방역을 습관화하여 질병을 예방해야 합니다. 또한, 국가재난정보센터에서 발표하는 각 질병에 따른 단계 및 정보를 확인하고, 그에 따른 생활방역수칙을 지켜 실천할 수 있도록 교육해야 합니다.

장난이 사고로?
'학교안전사고'의 원인과 예방

아니, 이런 사건이?

남학생 두 명이 TV 한 장면을 보고 흉내 내고 있었습니다. "내 필살기를 받아라!" 한 학생이 연필 세 자루를 손가락 사이에 끼우고 외쳤습니다. 평소 쿵짝이 잘 맞던 친구는 "마음껏 덤벼라!" 하며 점퍼를 활짝 펼치며 필살기를 막아낼 준비를 했습니다. 그때, 마지막 연필 한 자루가 점퍼에 휘감겼다가 교실 앞쪽으로 날아갔고, 옆자리 있던 친구가 "으악!" 하고 눈을 감싸며

쓰러졌습니다. 병원으로 옮겨진 학생은 왼쪽 눈의 시력을 상실하고 말았습니다. 평소 학생들이 장난으로 던진 물건으로 그 주변 친구가 다치는 사고는 빈번하게 일어납니다. 사소한 장난이 나비효과가 되어 영구장애 등 너무나도 가혹한 결과로 이어집니다.

예방 교육의 필요성

학교안전사고의 대부분은 학생 자신의 부주의나 다른 친구들의 장난으로 발생합니다. 학생들은 아직 인지능력이 완전하지 않아 과격한 장난이 큰 상해로 발전할 수 있다는 것을 인식하지 못합니다. 따라서 선생님의 지도와 감독이 없는 자유로운 시간에 주로 사고가 발생합니다. 사전에 사고를 방지할 수 있도록 위험예지훈련을 통해 안전의식을 내면화하고 행동을 습관화해야 합니다.

당신의 안전 상식은 안전합니까? 안전 상식 자가진단

주제 : 학교안전사고의 특징 배점 : 10점 난이도 : ★☆☆

 Q1 학교안전사고의 특징으로 적절하지 **않은** 것은 무엇일까요?

① 타인에 의한 의도적 사고가 대부분이다.
② 학교는 안전사고가 발생할 개연성이 늘 잠복해 있는 잠재적 안전사고 지역이다.
③ 발달 단계에 따른 학교와 선생님의 지도·감독 차이가 존재한다.
④ 선생님의 눈을 피해 사각지대에서 발생한다.

Q2 다음은 학교안전사고 예방 교육 방법에 대한 설명입니다. 빈칸에 들어갈 말은 무엇일까요?

> (ㅇㅎㅇㅈㅎㄹ)은 학교 내 잠재위험요인과 그것이 일으키는 현상을 파악하여 그려봄으로써 행동하기 전에 확인과 점검을 하여 학교 환경에서 발생될 수 있는 위험 요소를 파악하고 예방, 해결하는 훈련이다. 또한, 위험한 놀이 자제 및 대처 능력 강화를 위한 안전교육으로 위험 요소를 미리 알아보는 것이다. 이는 위험에 대한 감수성 훈련이며, 위험을 발견하고 파악하는 과정을 통해 위험을 예지하고, 회피 또는 대응 수 있는 능력을 기르는 것이다.

 Q3 다음은 학교안전사고의 다양한 사례들입니다. 각 사례에 해당하는 원인을 보기에서 찾아 써 보세요. (각 5점)

> **<보기>**
>
> 학생 본인의 부주의한 행동이나 장난, 자기 과시감, 주의력과 집중력 저하, 자신의 건강 상태 부주의

1. 급식을 가지고 가다 다른 학생과 부딪히면서 뜨거운 국물이 쏟아져 모두 2도 화상을 입음
   (　　　　　　　　　)
2. 교실 내 책상과 의자 위를 걸어 다니거나 계단을 뛰어오르다가 넘어짐
   (　　　　　　　　　)
3. 교실 앞에서 한 학생이 장난으로 슬리퍼를 교실 뒤쪽으로 날렸는데, 뒤에 있던 학생의 안경에 맞아 한쪽 눈이 실명함
   (　　　　　　　　　)
4. 심장병이 있는 학생이 장거리 달리기를 하다가 숨이 막혀서 사망함
   (　　　　　　　　　)

다음 중 학교안전사고의 원인이 선생님에게 있는 경우로 적절하지 <u>않은</u> 것은 무엇일까요?

① 위험한 상황을 알았지만 선생님이 학생을 그대로 방치해 안전사고를 일으키는 경우

② 선생님의 업무나 그 밖의 잡무로 수업 장소에 부재 시 안전사고가 발생하는 경우

③ 선생님이 학생 개개인의 신체 능력과 체력을 고려하지 않거나 학생의 인지 능력 밖의 과제를 부여하는 경우

④ 수업 전에 환자를 선제적으로 파악했지만, 선천적 질환이 있는 학생이 병을 알리지 않아 무리한 운동을 하도록 허락한 경우

⑤ 응급환자가 발생했을 때 환자 상태를 판단하지 못하거나 적절한 조치를 취하지 않아 심각한 부상으로 이어지는 경우

 다음은 학교 실내 및 실외에서 발생할 수 있는 위험한 상황들에 대한 그림 자료입니다. 이 자료를 활용하여 학생들에게 학교안전사고 예방 교육을 하려고 합니다. 학생들이 실내와 실외에서 위험한 행동으로 인지하여야 할 내용을 각각 **두 가지씩** 써 보세요. (각 2.5점)

1. 실내

2. 실외

주제 : 학교안전사고 대처 방법 배점 : 20점 난이도 : ★★☆

다음은 학교안전사고의 원인이 학생에게 있는 경우에 대한 대처 방법입니다. 각 빈칸에 들어갈 말은 무엇일까요? (각 5점)

1. 학생이 보이는 위험한 행동의 이면을 살펴볼 수 있도록 한다.
2. 학급의 안전(ㄱ ㅊ)을 제시하고 내면화할 수 있도록 한다.
3. 안전한 활동을 했을 때 관심과 (ㅊ ㅊ)을 제공하도록 한다.
4. 안전한 활동에는 토큰 (ㄱ ㅎ), 위험한 활동에는 반응대가프로그램을 사용하도록 한다.
5. 위험한 행동이 지속되지 않도록 (ㄱ ㅈ)과 학교 간에 알림장을 통한 의사소통이 이루어져야 한다.

주제 : 학교안전사고 대처 방법 배점 : 10점 난이도 : ★☆☆

학교안전사고의 원인이 선생님에게 있는 경우, 대처 방법으로 가장 적절하지 **않은** 것은 무엇일까요?

① 선생님이 학생 개개인의 신체 능력과 체력 등의 발달 단계를 고려하여 수업에 임하도록 한다.

② 위험한 상황임을 판단했을 때는 섣불리 행동하지 않고 신중하게 판단하여 사고 처치에 대응해야 한다.

③ 수입 전에 환자를 신제직으로 파익하여 선친적 질횐이 있는 학생에게 무리한 운동을 시키지 않고 지속적으로 주의를 기울인다.

④ 선생님이 업무나 그 밖의 잡무를 하느라 수업 장소에 부득이하게 부재할 때는 학급 대표 학생에게 지도를 맡기고 학급규칙을 지키도록 한다.

뒷장의 정답을 보고 자신의 안전 상식 점수를 확인해 보세요. 틀린 문항에 재도전하여 놓치고 있던 안전 상식을 꼭! 기억하기 바랍니다.

나의 안전 상식 점수

/ 100점

Q1 정답 : ①

해설 : 학교안전사고는 학생 자신에 의한 비의도적 사고 발생이 전체의 69.84%로서 장난이나 주의 산만에 기인한 우발적, 돌발적 사고가 대부분입니다. 따라서 학교는 안전사고가 발생할 개연성이 늘 잠복해 있는 잠재적 안전사고 지역이라고 할 수 있습니다. 발달 단계에 따른 안전교육을 통해 안전의식 제고가 필요합니다.

Q2 정답 : 위험예지훈련

해설 : 교육활동 시 사고를 유발하는 위험한 행동과 안전한 행동을 구별할 수 있도록 '위험예지훈련'이 필요합니다. 이는 자신이 어떠한 행동을 했을 때 위험할 수 있다는 민감성을 키우는 일입니다. 이러한 훈련을 통해 교육활동 중 발생될 수 있는 위험한 행동을 학생 스스로 자제할 수 있도록 해야 합니다.

Q3 정답 및 해설 :

학교안전사고의 원인이 학생에게 있는 경우는 다음과 같습니다.

1. **주의력과 집중력 저하** : 공부도 집중이 필요하지만 운동이나 놀이의 경우에도 집중을 해야 합니다. 특히, 초등학교 저학년일수록 친구와의 잡담과 장난으로 인해 집중을 하지 않아 사고가 발생되기도 합니다.

2. **자기 과시감** : 자신의 한계에 대해 과시하는 경우입니다. '나는 괜찮다.'는 생각으로 다른 학생들 및 선생님에게 잘 보이려는 행동이 안전사고의 원인이 됩니다. 자신의 존재감을 높이고 싶은 욕구에 의해 일어나며, 초등학교 저학년보다 고학년에서 주로 발생하기 때문에 고학년의 도전 활동, 경쟁 활동 시 더 많은 주의가 필요합니다.

3. **학생 본인의 부주의한 행동이나 장난** : 학생 개개인의 안전의식 결여(안

전 불감증)로 복도에서 말타기, 술래잡기 등 친구와의 장난으로 발생하는 경우입니다.

4. **자신의 건강 상태 부주의** : 자신의 발달 단계나 건강 상태를 알고 할 수 있는 활동만 해야 합니다.

 정답 : ④

해설 : 수업 전에 환자를 선제적으로 파악하지 못하거나 선천적 질환이 있는 학생에게 무리한 운동을 시키는 것은 안전사고의 원인이 됩니다. 그러나 자신의 질병이 다른 친구에게 알려지는 것을 꺼려 해서 알리지 않고 무리한 운동을 하려고 하는 학생도 있을 수 있습니다. 이는 학생이 자신의 건강 상태에 대해 부주의한 것으로 학생이 안전사고의 원인이라고 할 수 있습니다.

Q5 정답 및 해설 :

1. 학교 실내에서 위험할 수 있는 행동 인지하기

- 교실 복도에서 뛰다가 다른 친구와 부딪히거나 넘어질 수 있다는 것 인지하기

- 창문을 넘거나 창틀에 앉는 것, 책상 위에 올라갔을 때 위험하다는 것

인지하기
- 계단을 두 칸씩 뛰어내려가거나 난간을 미끄럼틀 삼아 이동하였을 때 다칠 수 있다는 것 인지하기
- 친구에게 발을 걸 때 넘어질 수 있다는 것 인지하기
- 복도나 교실에서 말타기, 술래잡기, 발차기 등으로 넘어져서 다칠 수 있다는 것 인지하기
- 교실, 복도, 계단 등에 휴지, 간식, 장난감, 물을 흘려 이로 인해 미끄러져 넘어질 수 있다는 위험성 인지하기
- 한눈을 팔면서 뒷걸음질하거나 뒤돌아보면서 다녔을 때의 위험성 인지하기
- 날카로운 학용품이나 운동도구, 청소도구는 휘둘렀을 때 위험한 도구가 될 수 있다는 것 인지하기
- 젓가락, 장난감, 우유, 공 등을 던져 다른 친구를 다치게 할 수 있다는 것 인지하기
- 학생 간 접촉에 의한 사고나 폭행(싸움)으로 서로 다칠 수 있다는 것 인지하기

2. 학교 실외에서 위험할 수 있는 행동 인지하기
- 체육 활동 중 야구 배트를 휘두르거나 줄넘기 할 때, 교실 이동 중 등 앞사람과의 간격이 확보되지 못했을 때 다칠 수 있다는 것 인지하기
- 운동장 놀이기구 사용할 때나 활동 중 자신의 무모한 행동이 사고를 일으킬 수도 있다는 것 인지하기
- 그네 줄을 꼭 잡고 타며, 타는 도중 뛰어내리거나 배를 깔고 엎드려서 타거나 서서 타는 행위 등을 하지 않기
- 미끄럼틀에서는 앞사람이 다 올라간 후 올라가고, 다른 친구를 밀거나 당기지 않기
- 미끄럼판으로 올라가지 않고 반드시 계단을 이용해서 올라가기
- 시소 위에 서 있거나 뛰지 않기

- 철봉에 거꾸로 매달리지 않기

Q6 정답 : 규칙, 칭찬, 강화, 가정

해설 : 학교안전사고의 원인이 학생에게 있는 경우 대처 방법은 다음과 같습니다.

1. 위험한 행동에만 집중하는 것이 아니라 내면에 있는 불안과 정서를 민감하게 파악하여 행동의 이면에 있을 수 있는 정서적 문제를 이해해야 합니다.

2. 학급의 안전규칙을 제시하고, 규칙은 간단하고 명료하게 학생이 잘 인식할 수 있도록 하며 실천할 수 있는 것으로 내면화할 수 있도록 지도합니다.

3. 위험한 행동에 관심을 보이기보다 안전한 활동을 했을 때 관심과 칭찬을 합니다.

4. 안전한 활동에는 토큰 강화, 위험한 활동에는 반응대가프로그램을 사용합니다. 바람직한 행동 목록을 만들어 올바른 행동이 이루어질 때 그에 상응하는 보상(토큰)을 주는 것입니다. 만약 학생이 부적절한 행동과 무관심으로 친구를 다치게 할 경우에는 권한을 없애야 합니다.

5. 위험한 행동이 지속되지 않도록 학생의 행동을 중재하기 위해 일관성 있게 가정과 학교 간에 알림장을 통한 의사소통이 이루어져야 합니다.

Q7 정답 : ②

해설 : 위험한 상황임을 판단했을 때는 방치하지 않고 신속하게 사고 처치에 대응해야 합니다.

학교안전사고의 대부분은 학생들의 장난이나 부주의, 폭력 등 학생 스스로가 원인입니다. 가볍게 시작한 부주의한 행동으로 인해 자칫 영구손상을 입거나 경우에 따라서는 정상적인 활동을 할 수 없게 될 수도 있습니다. 자신의 행동이 어떠한 결과로 이어지는지를 알고 유의할 수 있도록, 또한 안전의식을 내면화하고 행동을 습관화할 수 있도록 지도해야 합니다.

또한, 위험예지훈련으로 위험에 대한 감수성 훈련을 해야 합니다. 이는 자신의 부주의가 어떠한 위험을 불러올 수 있는지 예측하는 과정을 통해 위험에 대응할 수 있는 능력을 기르는 것입니다. 학생 발달 단계의 특성과 정서적 부주의 원인을 파악하여 예방 및 대처 방법을 교육해야 합니다.

교실, 복도, 화장실에서
이런 사건이? '생활 공간 안전'

아니, 이런 사건이?

학생 : 선생님, 컴퓨터실 옆 교실 창문이 열려 있어요. 저쪽으로 넘어가면 안 되나요?

선생님 : 위험하니까 절대 안 돼요. 선생님이 열쇠를 가져올 테니까 얌전하게 기다려요.

학생들은 잠시 옥신각신했지만 장난꾸러기의 고집을 꺾지는 못했는지 선생님이 돌아왔을 때에는 4층 컴퓨터실 앞이 텅 비어 있었습니다. 선생님이 급히

학생들을 찾아보니, 학교 건물 바깥쪽에 4층에서 떨어져 심하게 다친 학생 주변에 모여 있었습니다.

학교에서 많은 생활을 하는 학생들에게 안전장치가 설치되지 않거나 노후화된 학교 시설물은 위험한 환경요인이 될 수 있습니다.

예방 교육의 필요성

교통사고나 화재사고 등의 대형 사고가 아닌 학교의 위험한 시설물 및 학생의 부주의로 목숨을 잃는 일까지 발생하고 있습니다. 학교 시설물은 생활을 편하게 만들지만, 잘못 사용하면 안전을 위협하는 무기가 되기도 합니다. 위의 사례에서 교실 창문 옆쪽으로 넘어가지 못하도록 가드 시설물을 설치했다면 넘어갈 마음도 먹지 않았을 것입니다. 학교 실내외의 다양한 장소, 시설물 등에서 발생할 수 있는 위험한 환경을 예측하고 개선하여 안전사고를 예방해야 합니다.

당신의 안전 상식은 안전합니까? 안전 상식 자가진단 ✎

주제 : 학교 내외 안전사고 발생 시간 및 형태 배점 : 10점 난이도 : ★☆☆

 2019년 학교안전사고 통계 중 초등학교에서 일어나는 안전사고가 가장 많이 발생한 시간 및 형태가 바르게 짝지어진 것은 무엇일까요?

	발생 시간	발생 형태
①	수업시간	사람과의 충돌
②	체육시간	물체와의 충돌
③	점심시간	넘어짐
④	휴식 및 청소시간	미끄러짐
⑤	학교 행사	떨어짐

Q2 선생님은 학교 생활 활동 중에 사용하는 장소나 물건 등으로 인하여 어떠한 위험이 발생될 수 있는지 인지하고, 학생들과 함께 학교에서 생활하는 공간과 시설물을 둘러보면서 조심해야 할 곳을 찾아보며 그 위험성을 평가하여 대책을 수립해야 합니다. 이에 따라 **위험이 될 수 있는 학교 장소와 기구를 각각 하나씩 선택하여 벌어질 수 있는 안전사고에 대해 예측하여 보세요.** (각 5점)

학교 장소	학교 가구
문, 창문, 바닥, 벽, 계단, 복도, 교실, 통로, 운동장 등	책상, 의자, 책장, 탁자, 칠판, 청소도구함, 선풍기 등

Q3 다음은 학교 내외 안전사고 사례입니다. 각 사례에 해당하는 안전사고 유발 요소를 아래 보기에서 골라 써 보세요. (각 2.5점)

<보기>

사람, 운동용 장비, 열 및 미세먼지, 날카로운 물건

1. 친구와의 거리를 확보하지 못해서 휘두른 라켓에 맞은 경우

   (   )

2. 계단에서 뛰어오는 친구를 보지 못하여 부딪혀 넘어진 경우

   (   )

3. 자를 뒤의 친구에게 전해주다가 자가 친구 얼굴을 찔러 상처가 난 경우

   (   )

4. 실과실에서 활동하다가 뜨거운 기름을 흘려서 화상을 입은 경우

   (   )

Q4 다음은 학교 내외 안전사고 예방 방법에 대한 설명입니다. 각 빈칸에 들어갈 알맞은 말은 무엇일까요? (각 5점)

1. 학생이 이용하는 모든 공간에 안전을 저해하는 요소가 있는지 미리 (ㅈㄱ)하기
- 교실 복도, 운동장 등 교육활동에 필요한 장소, 기구 등 각종 교내 시설물에 대한 사전 (ㅈㄱ)을 실시하여 고장 및 오작동, 노후화 등을 미연에 방지한다.
- 학생 눈높이에서, 전체가 보이는 위치에서 교재·교구 사용 및 놀이가 안전한지 살핀다.

2. 안전사고 위험요인 (ㅍㅇ)하기
- 교실 복도, 운동장 등 교육활동에 필요한 장소, 기구 등의 잠재된 위험요인을 (ㅍㅇ)한다.

3. 사고발생지역에 위험 (ㅍㅅ) 설치하기
- 복도나 계단에 '장난 금지' 경고 (ㅍㅅ)를 부착하거나 잦은 사고가 발생하는 곳의 모서리에 '위험' (ㅍㅅ) 설치로 학생들이 위험을 인지할 수 있도록 한다.

Q5 다음은 학교 내 건물에서 일어날 수 있는 안전사고를 예방하기 위한 안전한 학교 환경 구축 방법입니다. 각 빈칸에 들어갈 알맞은 말은 무엇일까요? (각 5점)

1. ㄱ자로 꺾이는 복도나 건물 모퉁이에는 (   )를 설치한다.
2. 후미진 곳에 (   )을 설치하거나 환경을 바꾸어서 폭력이나 위험을 줄인다.
3. 책상, 칠판 등 가구는 (   )에 의한 사고 발생 예방을 위해

( )가 둥근 것, 소재가 딱딱하지 않고 표면이 매끄러운 것으로 환경을 구성한다.

4. 출입문에 유리가 설치된 경우, 유리의 재질은 일반 유리가 아닌 ( ) 유리로 대체하여 깨지지 않도록 한다.

5. 계단 손잡이 난간 위에 올라 미끄럼을 타지 못하도록 난간 위에 ( )를 붙인다.

6. 화장실 안 축축한( ), 음식물이 흘려 있는 급식실( ), 기름걸레로 미끄럽게 닦은 체육관( ), 비 온 날 물이 흘려 있는 복도( ) 등 미끄러운 곳을 점검한다.

주제 : 학교 외부 안전사고 예방 방법 배점 : 15점 난이도 : ★★☆

다음은 학교 체육관에서 벌어진 안전사고입니다. 다음과 같은 사고를 예방하기 위해 활동 전에 선생님이 취할 수 있는 조치는 무엇일까요?

학교 체육관에서 야구와 농구로 나누어 수업을 하던 중, 야구를 하고 있는 학생이 농구공을 주우러 달려가던 학생을 미처 발견하지 못하고 나무 방망이를 휘두르다 치아 부분을 맞혀 입술 열상을 입히고 앞니 치아 4개가 파절되게 하였다.

주제 : 학교안전사고 발생 시 행동 요령 배점 : 10점 난이도 : ★☆☆

다음 중 학교안전사고 발생 시 행동 요령으로 적절하지 <u>않은</u> 것은 무엇일까요?

① 우선 근처에 있는 선생님이 사고 장소로 가서 부상자를 확인하고, 침착하게 상처 부위와 정도를 살핀다.

② 응급처치가 필요한 경우 정확한 지식이 없어도 아는 대로 신속하게 시행하는 것이 좋다.

③ 부상자의 상황을 살피고 필요시 주변의 위험 물질을 제거하면서 구조대가

올 때까지 학생의 몸을 담요로 덮어 따뜻하게 체온이 유지될 수 있도록 한다.

④ 목격자들을 통해 사고 경위를 올바르게 파악하고, 담임 선생님과 보건 선생님에게 연락을 하여 사후처리에 대비하도록 한다.

뒷장의 정답을 보고 자신의 안전 상식 점수를 확인해 보세요. 틀린 문항에 재도전하여 놓치고 있던 안전 상식을 꼭! 기억하기 바랍니다.

나의 안전 상식 점수

/ 100점

정답 : ②

해설 : 2019 학교안전사고 발생 시간 통계는 체육시간(31.4%), 점심시간 (20.8%), 수업시간(15.7%), 휴식 및 청소시간(14.9%), 학교 행사(6.9%) 순으로 나타났습니다. 발생 형태는 물체와의 충돌(39.2%), 넘어짐 (27.5%), 사람과의 충돌(13.9%), 미끄러짐(7.7%), 떨어짐(5.1%) 순으로 나타났습니다.

> 💡 추가 꿀팁 정보
>
> 중고등학교 체육시간에 더 많은 사고가 발생되지만 초등학교에서는 점심시간 과 체육시간이 비슷한 통계를 보입니다. 점심시간이나 체육시간은 다른 시간 보다 상대적으로 시설물을 이용한 신체 활동이 많고 자유로우며, 선생님의 지 도 관리 감독이 부족하기 때문입니다. 따라서 선생님이 더 많은 주의를 기울여 야 할 필요가 있습니다.
>
> 주위가 산만하거나 집중력이 낮은 학생들은 교실의 여러 가구의 모서리나 감 염병 예방을 위해 설치한 투명 가림막의 날카로운 모서리에 상처를 입는 경우 가 있습니다. 따라서 모서리 보호 패드를 설치하거나 테이핑을 하여 안전한 환 경을 조성해 주어야 합니다.

정답 및 해설 :

다음은 위험이 될 수 있는 학교에서의 실제 안전사고 사례입니다.

건물(문, 창문, 바닥, 벽, 계단, 복도, 교실, 통로, 운동장 등)

- 계단 난간에 올라갔다가 추락사고 발생
- 쉬는 시간 학교 건물 내 서로 다른 쪽에서 뛰어오던 두 학생이 부딪혀서 의식불명
- 쉬는 시간 복도에서 걸어가던 중 교실 문에서 달려 나오던 다른 학생과

충돌

- 학교 본관 운동장 옆 건물 앞 배수구에 발이 걸려 넘어지면서 긁혀 18바늘 봉합
- 화장실 안 축축한 바닥에 넘어져 뇌진탕 증상 발생
- 비 온 날 물이 있는 복도에서 넘어져 다리에 염좌 발생

가구(책상, 의자, 책장, 탁자, 칠판, 청소도구함, 선풍기 등)

- 싸움 도중에 한 학생이 옆으로 넘어지면서 복도에 비치되어 있던 청소도구함 모서리에 머리를 부딪혀 열상
- 쉬는 시간 친구들과 놀다가 책상 상판 끝부분을 잡고 힘을 주면서 책상과 함께 넘어져 책상 밑을 잡고 있던 손가락이 절단
- 돌아가던 선풍기가 떨어져서 학생의 머리에 부딪히면서 상처 발생

정답 : 1. 운동용 장비 2. 사람 3. 날카로운 물건 4. 열 및 미세먼지

해설 : 학교 내외 안전사고 유발 요소별 여러 가지 사고 사례는 다음과 같습니다.

1. 야구공, 축구공, 배드민턴 라켓, 철봉대. 뜀틀 등 운동 장비에 의한 사고가 많은데, 거리를 확보하지 못하거나 던지는 것을 제대로 보지 못해서 일어나는 사고입니다.

2. 뛰어오거나 지나가는 사람들에 의해서도 사고가 나는데, 대부분 뛰었을 때 시야가 확보되지 않아 발생합니다.

3. 날카로운 조각, 나뭇가지, 칼, 가위, 자, 송곳, 연필, 장난감 및 구슬, 동전 등 물건을 전해주거나 던지면서 상처가 크게 나는 사건이 발생합니다.

4. 미세먼지, 햇빛, 운동장, 뜨거운 놀이기구, 모래, 흙, 급식실 정수기의 뜨거운 물, 과학실과 실과실의 불 등 자연환경은 이로움도 주지만 과하면 사고를 유발하기도 합니다.

Q4 정답 : 점검, 파악, 표시

해설 : 교육활동에 필요한 장소, 기구, 각종 교내 시설물에 대해 안전을 저해하는 요소인 위험요인을 미리 점검해야 합니다. 또한, 고장 및 오작동, 노후화 등을 미연에 방지하고 위험요인을 미리 점검한 후에 사용합니다. 특히, 학생 눈높이에서, 전체가 보이는 위치에서 교재·교구 사용 및 놀이가 안전한지 살펴야 합니다. 그리고 사고가 자주 발생되는 장소나 위험한 시설물 모서리에 '장난 금지' 경고 표시를 부착하여 학생들이 위험을 인지하고 개선할 수 있도록 노력해야 합니다.

Q5 정답 : 1. 대형 반사경 등의 충돌을 방지할 수 있는 물건

2. CCTV

3. 모서리

4. 강화

5. 보호판이나 미끄럼 방지 패드 등

6. 바닥

해설 : 학교 건물에서 일어날 수 있는 안전사고를 예방하기 위해 학교 환경이 안전한지 살펴봐야 합니다.

1. 학교 건물은 학생의 시야가 확보되지 않은 ㄱ자로 꺾이는 복도나 모퉁이가 많아 반대편에서 오는 학생을 보지 못해 부딪히는 사고가 많이 발생합니다. 따라서 반대편이 잘 보이도록 대형 반사경 등의 충돌을 방지할 수 있는 물건을 설치합니다.

2. 건물의 후미진 곳에서 폭력사건이 발생되는데, CCTV를 설치하거나 환경을 바꾸어서 사건 발생을 줄여야 합니다.

3. 책상, 칠판 등 가구 모서리에 의한 사고를 예방해야 합니다. 따라서 모서리가 둥근 것, 소재가 딱딱하지 않고 표면이 매끄러운 것으로 환경을 구성해야 합니다.

4. 학교 건물의 유리가 깨져 큰 사고가 많이 발생하는데, 유리 출입문일 경우 일반 유리가 아닌 강화 유리로 대체하여 깨지지 않도록 하여야 합니다.

5. 학생들이 계단 손잡이 난간 위에 올라 미끄럼을 타지 못하도록 난간 위에 보호판이나 미끄럼 방지 패드 등을 붙입니다.

6. 화장실, 급식실, 체육관, 복도 등 미끄러운 곳을 점검하여 보호판이나 미끄럼 방지 패드 등으로 보호해야 합니다.

Q6

정답 : 야구 배트를 휘두르거나 농구 경기를 하기에 충분한 운동 공간을 확보해야 하고, 초등학생에게 적합한 운동기구와 장비(고무 야구 배트 등)를 사용해야 합니다.

해설 : 학교 체육관에서 사고가 많이 발생하는데, 충분한 운동 공간 확보가 되지 않은 경우가 많습니다. 체육관에서 많은 학생들이 운동을 하다 보니 운동기구뿐만 아니라 학생들 간의 충돌 등으로 사고가 크게 발생합니다. 특히, 안전을 위해서는 운동을 하기 전에 반드시 초등학생에 적합한 운동기구와 장비(고무 야구 배트 등)를 사용해야 합니다.

Q7

정답 : ②

해설 : 학교안전사고 발생 시 갑작스러운 상황에 어떻게 대처를 해야 할지 당황스럽습니다. **생명을 다루는 응급처치가 필요한 경우에는 신속하게 시행을 하되, 그 외의 사고에 대해서는 정확한 지식이 없다면 도움을 줄 수 있는 사람이 올 때까지 기다리면서 주위 학생과 부상자를 안심시켜야 합니다.** 특히, 팔, 다리, 척추 등 신경이 지나가는 근육 계통에 통증이 있을 때는 자칫 신경이 절단되어 마비가 올 수 있으므로 움직이지 않아야 합니다.

학생들이 가장 많은 시간을 보내는 곳은 학교입니다. 학생들이 다양한 활동을 할 수 있도록 만들어진 공간 시설물들은 학교 생활을 편리하게 만들지만, 잘못 사용하면 안전을 위협하는 무기가 되기도 합니다. 안전사고가 발생할 수 있는 장소, 도구 등 위험한 환경을 예측하고 개선하여 사전에 안전사고를 예방해야 합니다.

또한, 학교 교내 시설물 및 기구의 고장 및 오작동, 노후화 등 안전을 저해하는 위험요인을 미리 점검하고 확인해야 합니다. 그에 따른 개선과 함께 사고가 자주 발생되는 장소나 시설물에 위험을 예견할 수 있도록 경고 표시를 부착하여 학생들이 위험을 인지하고 안전하게 활동할 수 있도록 해야 합니다.

더욱 특별하게 사전 지도가 필요한 '특별실 안전'

아니, 이런 사건이?

과학시간이나 체육시간, 미술시간 등 학생들이 도구를 이용하는 수업에서 안전사고가 많이 발생합니다.

체육시간에 학생들이 뜀틀 운동을 하다가 잘못된 자세로 손을 집고 뛰어내려 손목과 발목에 인대가 늘어나는 일이 있었습니다. 또한, 한 학생이 뜀틀에서 뛰어내려 착지하려는 시도를 하다가 중심을 잃고 뜀틀 옆 철 난간에 머리

를 부딪혀 머리가 크게 찢어지는 경우도 있었습니다. 과학시간에는 담당 선생님이 잠깐 자리를 비운 사이, 알코올램프에 불이 잘 붙지 않자 한 학생이 알코올을 보충하고 램프에 점화기로 여러 차례 불을 붙였습니다. 이로 인해 순간 '펑' 하고 폭발하면서 학생들 쪽으로 불꽃이 쏟아져 화상을 입은 사고가 발생하였습니다. 미술시간에는 판화를 만드는 과정에서 학생이 조각칼을 들고 조각을 하는 도중 왼손에 깊게 파인 상처를 내기도 했습니다.

예방 교육의 필요성

보건실에 학생들이 한꺼번에 우르르 몰려오는 시간이 있습니다. 바로 체육이나 과학, 실과시간입니다. 이 시간의 공통점은 활동적인 수업으로 기구들을 함께 사용한다는 점입니다. 주로 부적절한 도구 사용이나 실험 방법을 정확하게 이해하지 못했을 때 안전사고가 많이 발생합니다. 각 특별실에 따른 위험 요소를 충분히 숙지하고 안전수칙 매뉴얼을 준수해야 안전사고를 막을 수 있습니다.

당신의 안전 상식은 안전합니까? 안전 상식 자가진단

주제 : 체육수업 중 안전사고의 원인   배점 : 20점   난이도 : ★★☆

 Q1 다음은 체육수업 중 안전사고의 원인에 대한 설명입니다. 각 빈칸에 들어갈 알맞은 말은 무엇일까요? (각 10점)

체육수업은 신체활동과 실기가 주로 이루어지는 수업으로 안전사고 전체의 31% 정도가 발생되고 있다. 체육은 신체활동 위주의 교육이므로 다른 교과에 비하여 예기치 않은 안전사고의 발생 빈도가 높다. 가장 많이 발생하는 장소도 운동장이다. 초등학교에서는 점심시간과 체육시간에 운동장에서 운동 및 놀이를 하다가 운동기구나 학생들끼리 부딪히는 사고가 상대적으로 많다. 이는 신체적으로 가장 활발히 체육활동에 참여하는 연령이기 때문이다. 운동하는 과정 중에 상대방과의 신체 접촉, (ㅈㅂㅇㄷ)의 미흡, 수행 종목에 대한 (ㄱㄴ) 부족, 지나친 의욕, 주의 산만, 과도한 긴장, 상대방의 반칙 행위, 기구나 기자재의 결함, 장소나 기후 등의 이유로 안전사고가 발생한다.

주제 : 체육수업 안전사고 예방 방법　배점 : 20점　난이도 : ★★☆

다음은 A선생님의 체육수업 일지입니다. 안전사고를 예방하기 위한 지도 방법으로 적절하지 **않은** 날은 언제였는지 **모두** 고르세요.

날짜	지도 내용
3월 3일	수업 전후에 준비 운동과 마무리 운동을 충분히 시켰다. 준비 운동은 신체의 혈액순환을 촉진시켜서 근육의 긴장과 이완 및 부상 예방에 도움이 된다.
4월 4일	심장 수술 경험이 있는 남학생에게 심한 운동을 하지 않도록 하였으나 체육관에서 25m 단거리 달리기에 참여하길 원해서 간단한 운동이므로 실시하게 하였다.
5월 5일	활동에 따라 신발 및 복장을 확인하고 보호장비를 착용하도록 하였다.
6월 6일	달리기 경기 전 바통 터치 훈련을 실시하였다.
7월 7일	매트 및 뜀틀 운동을 할 때 앞사람이 완전히 매트를 떠날 때까지 대기하도록 지도하였다.
8월 8일	야구나 축구 경기를 할 때 다른 학생에게 피해를 주거나 서로 부딪혀 다치는 경우를 예방하기 위해 경기 규칙을 잘 지키게 지도하였다.
9월 9일	낮은 철봉에서 디딤판(뜀틀)을 이용하여 충분히 연습을 한 다음, 단계적으로 디딤판 없이 운동하도록 하였다.
10월 10일	축구 경기 중 승부욕으로 인한 사고를 막기 위해 엄격하게 반칙을 적용하고 경기 과열을 방지하려고 노력하였다.

| 11월 11일 | 체육 기구는 선생님의 지시에 따라 학생들이 균형을 이루어 조심스럽게 운반하도록 하였다. |
| 12월 12일 | 야구 경기 중 기다리고 있는 학생은 편히 휴식하도록 주시하지 않았고, 운동을 하고 있는 학생들의 행동은 수시로 관찰하였다. |

주제 : 과학실 안전사고 예방 방법 배점 : 15점 난이도 : ★★☆

다음은 과학실 안전사고 예방 방법입니다. 각 빈칸에 들어갈 알맞은 말은 무엇일까요? (각 5점)

1. 실험 용기, (ㅅㅇ) 등을 사전에 철저히 파악해 둔다.
2. 실험 실습 전 충분히 안전교육, 안전 조치를 실시한다.
3. 독성이 있거나 냄새가 좋지 않은 (ㄱㅊ)가 발생하는 실험은 후드가 있는 곳에서 하도록 한다.
4. 물질안전보건자료(MSDS)를 비치하고 숙지해 둔다.
5. 실험실 기기의 작업 및 조작은 지정된 순서를 정확히 따라 하도록 한다.
6. 취급할 (ㅇㅍ)의 사용법과 예방책을 선생님이 설명할 때까지 (ㅇㅍ)에 손대지 않도록 한다.
7. 위험물 취급은 반드시 선생님 지시에 따라 행동하도록 한다.

주제 : 과학실 안전사고 예방 방법 배점 : 15점 난이도 : ★★☆

다음은 과학실 안전수칙에 대한 설명입니다. 적절하지 **않은** 것은 무엇일까요?

① 남은 시약이라도 절대 원래의 시약병에 다시 넣어서는 안 된다.
② 냄새를 알고자 할 때는 얼굴을 향하여 손으로 부채질하면서 냄새를 맡아야 한다.
③ 알코올램프가 엎질러져 불이 나면 물을 끼얹거나 모래를 뿌린다.
④ 시험관에 화학물질을 가열할 때는 마개를 열고 입구가 다른 사람의 얼굴이나 몸으로 향하지 않도록 한다.
⑤ 강산이나 강염기는 반드시 산이나 염기를 먼저 붓고 물을 조금씩 부어가며 희석시킨다.

다음은 과학실 안전수칙에 대한 학생들의 대화입니다. 잘못 알고 있는 학생을 고르고, 안전한 행동으로 바르게 고쳐 보세요.

> A학생 : 시약을 조제하여 보관할 때에는 이름과 제조일자를 기록한 이름표를 보관 용기에 붙여야 해.
>
> B학생 : 알코올램프 안의 알코올의 양은 30~80% 정도로 담아 써야 해.
>
> C학생 : 시험관에 화학물질을 가열할 때는 마개를 열고 입구가 다른 사람의 얼굴 이나 몸으로 향하지 않도록 해야 해.
>
> D학생 : 선생님의 지시가 없는 한, 약품의 맛을 보아서는 안 돼.
>
> E학생 : 유독휘발성 액체시약은 흘리면 안 되니까 깔때기를 사용하여 옮겨야 해.

다음은 미술실 안전사고 예방 방법에 대한 설명입니다. 적절하지 **않은** 것은 무엇일까요?

① 도구 사용이 서툴거나 실수가 많은 학생을 미리 파악한다.

② 니퍼, 펜치, 가위는 물건이 물리는 부위에 실수로 손의 일부가 들어가지 않도록 주의한다.

③ 글루건은 노즐이 손에 직접 닿지 않도록 하고, 달구어진 접착액은 온도가 떨어지기 전까지는 맨손으로 만지지 않는다.

④ 커터 칼은 최대한 길게 빼서 사용하는 것이 좋고, 손은 칼이 지나가는 부분에 놓지 않도록 하며, 사용 후에는 칼날을 넣는다.

⑤ 모든 도구와 재료는 자기 자리에서 정돈해 가며 사용하고, 자리 주변을 어질러 놓아 지나가는 친구들이 날카로운 것에 찔리거나 걸려 넘어지는 일이 없도록 한다.

뒷장의 정답을 보고 자신의 안전 상식 점수를 확인해 보세요. 틀린 문항에 재도전하여 놓치고 있던 안전 상식을 꼭! 기억하기 바랍니다.

나의 안전 상식 점수
/ 100점

Q1

정답 : 준비 운동, 기능

해설 : 체육수업은 신체활동과 실기가 주로 이루어지는 수업으로 체육활동 중의 기본안전수칙은 매우 중요합니다. 특히, 야외수업으로 학생의 통제력이 떨어질 수 있기 때문에 수업 전에 충분한 매뉴얼 및 규칙이 교육되어야 합니다. **주로 상대방과의 신체 접촉, 준비 운동의 미흡, 수행 종목에 대한 기능 부족, 지나친 의욕, 주의 산만, 과도한 긴장, 반칙 행위, 기구나 기자재의 결함, 장소나 기후 등의 이유로 안전사고가 발생합니다.**

Q2

정답 : 4월 4일, 12월 12일

해설 : 1. 4월 4일 : 요양호자, 신체허약자, 심장질환자 등의 경우 본인이 원한다고 해도 사전에 신체 기능이 완전하게 회복되었는지 부모에게 확인해야 하며, 참여하게 되었을 때도 활동 중 수시로 학생을 관찰해야 합니다.

2. 12월 12일 : 선생님의 지도권에 벗어나면 사건 사고가 발생될 수

있으므로 운동을 하고 있는 학생뿐 아니라 기다리고 있는 학생들의 행동도 수시로 관찰해야 합니다.

Q3

정답 : 1. 시약 2. 기체 6. 약품

해설 : 시약이 피부나 눈 안에 들어가기도 하므로 실험 용기, 시약 등이 어떠한 것인지 사전에 철저히 파악하여 응급처치를 할 수 있도록 해야 합니다. 위험한 물건이나 시약 등이 있으므로 실습 전 충분히 안전 교육, 안전 조치를 실시하며 지시에 따라 행동할 수 있도록 지도합니다. 특히, 독성이 있거나 냄새가 좋지 않은 기체가 발생하는 실험은 건강에 해로울 수 있으므로 환기가 되는 후드가 있는 곳에서 하도록 합니다.

Q4

정답 : ⑤

해설 : 염산, 황산, 수산화나트륨 등의 강산이나 강염기를 희석할 때 이를 공기 중에 방치하면 습기와 이산화탄소를 흡수합니다. 따라서 **반드시 많은 양의 물을 먼저 붓고 산이나 염기를 조금씩 부어가며 희석해야 합니다.**

Q5

정답 : E학생

해설 : 액체시약은 화학실험에서 거의 빠지지 않고 등장하는 물질입니다. 주로 화학물질을 만들거나 다른 물질의 성질을 알아보기 위한 반응을 볼 때 섞어서 사용합니다. 이러한 상황에서 정확한 용량의 시약을 사용해야 하므로 오차가 없는 결과가 나와야 합니다. 그래서 **유독휘발성 액체시약은 정확히 양을 측정할 수 있는 스포이트로 옮겨야 합니다.**

Q6

정답 : ④

해설 : 커터 칼은 너무 길게 빼서 사용하지 않고, 손은 칼이 지나가는 부분에 놓지 않도록 하며, 사용 후에는 칼날을 넣을 수 있도록 지도해야 합니다.

안전 Talk Talk 💬   엄주하 보건교사 Says

학교안전사고는 체육, 과학, 미술, 실과 등 주로 특별실 수업 활동 시간에 특히 많이 발생합니다. 특별실은 활동 중심의 교육과정과 운동기구나 실험도구, 칼, 불 등 위험한 도구 사용으로 인해 자칫 작은 사고가 큰 사고로 이어지기도 합니다.

각 특별실에 따른 위험 요소를 충분히 숙지하여 사전에 안전수칙 매뉴얼을 준수할 수 있도록 지도해야 합니다. 따라서 기구 사용 방법, 유형별 안전사고 대처 방법, 위험 물질 보관 처리 방법 등을 자세히 교육해야 합니다. 안전행동수칙 메뉴얼은 단순히 아는 것에 그치는 것이 아니라 행동으로 이어져 실천할 수 있도록 내면화와 습관화가 이루어져야 합니다.

알림장에 꼭 써줘야 할
'등하굣길 안전'

아니, 이런 사건이?

초등학교 2학년 여학생이 아침에 등교하던 중 골목길에서 술에 취한 아저씨를 만나 성추행을 당한 사건이 있었습니다. 국민권익위원회는 국민신문고에 접수된 학교 성폭력 관련 민원 750건을 분석한 결과를 발표했는데, 초등학생 대상 성추행 사건은 등하굣길, 학원, 체험학습 차량 등 학교 내 장소보다는 학교 외 장소에서 더 많이 발생했다고 합니다. 조두순 사건도 등교 시

간에 발생했습니다. 이처럼 학교 주변 장소 및 등하굣길이 안전을 위협받는 장소가 되고 있습니다.

예방 교육의 필요성

성폭력이나 유괴 등은 의외로 등하굣길, 학원, 체험학습 차량 등 학교 외 장소에서 더 많이 발생합니다. 초등학교에서 발생한 성폭력 사건은 등 하굣길에 가장 많았으며, 유괴 사건 또한 마찬가지였습니다. 특히, 등교할 때와 방과 후에 집으로 돌아올 때가 범인이 노리는 가장 위험한 시간입니다. 학생들이 등하교하는 동안 어떠한 위험이 있는지 확인하고 이를 예방하기 위한 교육이 필요합니다.

당신의 안전 상식은 안전합니까? 안전 상식 자가진단

주제 : 어린이 범죄에 대한 통계 배점 : 15점 난이도 : ★★★☆

 Q1 다음은 어린이 대상 범죄에 대한 통계 자료입니다. 맞으면 ○, 틀리면 ✕ 표시를 하세요. (각 5점)

1. 아동 성폭력은 새벽 시간에 가장 많이 발생한다.
   (○ / ✕)
2. 어린이 대상 범죄는 사람들이 잘 다니지 않는 장소에서 많이 일어난다.
   (○ / ✕)
3. 13세 미만 어린이 성폭행 피해자와 가해자의 관계는 모르는 사람인 경우가 가장 많다.
   (○ / ✕)

등하굣길에 학생들의 안전을 위협하는 것은 교통사고 이외에 사람에 의한 유괴, 성폭력 등을 들 수 있습니다. 따라서 사람에 대한 교육이 이루어져야 하는데, 그중 아는 사람과 낯선 사람에 대한 이해가 필요합니다. **(1) 학생들이 가지고 있는 낯선 사람에 대한 선입견과 (2) 실제 학생들에게 교육해야 할 낯선 사람에 대한 개념**을 설명해 보세요. (각 10점)

(1) _____

(2) _____

다음은 학생들에게 교육해야 할 위험한 사람들의 유인 및 접근 방법입니다. 적절하지 **않은** 것은 무엇일까요?

① 집 근처나 학교 주변에 위험한 사람이 살고 있는지 알아둔다.

② 부모님의 허락 없이 다른 사람의 차를 타거나 따라가지 않는다.

③ 모르는 사람이라는 범주에는 친절한 사람과 위험한 사람이 모두 포함된다.

④ 학생의 이름 등의 정보는 밖에서 보이지 않도록 옷, 신발 안쪽에 적어놓도록 한다.

⑤ 얼굴 생김새나 옷차림을 잘 살펴보고 위험한 사람인지 판단하여 위기 상황에 미리 대비할 수 있도록 한다.

주제 : 시간 및 장소에 따라 발생할 수 있는 위험한 상황별 대비 방법   배점 : 15점   난이도 : ★★☆

다음은 시간 및 장소에 따라 발생할 수 있는 위험한 상황에 대한 대비 방법입니다. 적절하지 **않은** 것은 무엇일까요?

① 안전을 위해 부모님 이름과 휴대전화 번호, 집 전화번호를 외울 수 있도록 지도한다.

② 실종아동 사전 등록제 안전 사이트에서 신청한 후 학교에 방문하여 지문을 등록하도록 안내한다.

③ 한적한 골목길보다는 큰길을 이용하며, 위험을 느낄 때는 등하교 방법을 바

꾸거나 필요시 부모님이 동행한다.

④ 위험한 상황이 발생하면 아동안전지킴이 집으로 가서 도움을 요청한다. 위험한 상황에서 도움을 요청하는 방법을 안다.

⑤ 학교 주변의 빈집, 가로등이 없는 골목, 공터 등 문제가 있는 곳을 알아두고 학생이 위험한 곳으로 다니지 않도록 한다.

주제 : 성폭력 및 유괴 사고 예방 교육   배점 : 15점   난이도 : ★★☆

Q5 다음 단어들을 넣어 학생들에게 성폭력 및 유괴 사고 예방 교육 시 지도할 행동 요령을 써 보세요.

단호, 단축번호, 편의점

주제 : 성폭력 및 유괴 사건 발생 시 교사의 대처 방법   배점 : 25점   난이도 : ★★★

Q6 다음은 성폭력 및 유괴 사건 발생 시 선생님의 대처 방법입니다. 적절하지 **않은** 것은 무엇일까요?

① 등교하는 학생의 안색 및 기분, 신체를 관찰하여 질병, 아동학대, 성폭력 등의 이상 징후가 있는지 살핀다.

② 학생의 몸에 상처나 멍이 있으면 응급처치를 하고 환부를 청결하게 씻을 수 있도록 먼저 조치한 후, 학부모에게 연락을 취한다.

③ 가능한 빨리 학부모, 학교관리자, 교육청, 경찰에게 알리고, 성폭력이나 유괴 사건 발생 시 경찰이나 성폭력지원센터에 도움을 요청한다.

④ ONE-STOP 지원센터, 병원 진찰 및 수사 과정 중 피해 학생이 심리적 안정을 찾을 수 있도록 왜 병원에 왔는지, 진찰을 받고 나면 어떤 부분을 예방할 수 있는지 설명해 준다.

뒷장의 정답을 보고 자신의 안전 상식 점수를 확인해 보세요. 틀린 문항에 재도전하여 놓치고 있던 안전 상식을 꼭! 기억하기 바랍니다.

나의 안전 상식 점수

/ 100점

정답 : X, X, X

해설 : 1. 어린이 대상 범죄는 오후 12시~6시까지 하교 시간대에 가장 많이 발생합니다. 13세 이상 청소년 대상 범죄의 경우 새벽 시간에 범죄율이 높지만, 어린이 대상 범죄의 경우 어린이들이 많이 활동하는 낮 시간에 범죄율이 가장 높습니다.

2. 어린이 대상 범죄는 주로 길거리나 집 근처 그리고 사람들이 많이 다니는 장소에서 일어납니다. 학생들이 매일 집에서 학교로 오고 가는 등하굣길에서 안전사고가 많이 발생합니다.

3. 아동 성범죄자 10명 중 6명이 피해 아동과 4km 이내에 인접해 사는 경우입니다. 보통 가해자가 낯선 사람이라고 생각하지만 아는 사람에 의한 경우가 더 많습니다. 무섭고 험악하게 생긴 사람들만이 범죄자는 아닙니다.

정답 : (1) 학생들은 낯선 사람을 남자, 무서운 표정, 험악한 얼굴, 변장을 위한 도구(선글라스, 마스크, 모자), 허름한 옷, 위협적인 행동 등을 하는 사람이라고 생각합니다.

(2) 가족 이외에 다른 사람들은 모두 '낯선 사람'이라 알려주고, 특히 아무리 친한 아빠 친구나 엄마 친구, 옆집 아저씨 등 이웃이더라도 부모님이 함께 있지 않을 때에는 절대 따라가면 안 된다는 것을 알려주어야 합니다.

해설 : (1) 학생들은 낯선 사람을 무서운 사람이거나 아는 사람이 아닌 모르는 사람이라고 생각하는 선입견을 가지고 있습니다. 따라서 낯선 사람은 처음 보는 사람이고 아는 사람은 자주 여러 번 본 사람이 됩니다. 학생들은 알지 못해도 여러 번 보거나 자주 마주치게 되면 낯선 사람도 아는 사람이라고 생각합니다. 모르는 사람의

외모, 말투, 친절함 등으로 사람의 호감을 판단하는 경우도 많습니다.

(2) 실제 학생들에게 교육해야 할 낯선 사람에 대한 개념으로 낯선 사람이라는 범주에는 친절한 사람과 위험한 사람이 모두 포함된다는 것을 알려주어야 합니다. 낯선 사람들은 미리 잦은 만남을 통해 친밀한 관계를 만든 후 도와 달라거나 "강아지 보러 갈래?", "게임기가 저기 있는데 같이 가지러 갈래?"라며 선물을 주거나 도움을 요청하는 경우가 많습니다. **낯선 사람을 조심하라고 하는 것은 의미가 없으므로 접근 방법을 미리 알고 대비해 가족 이외에는 사람을 따라가지 않도록 교육해야 합니다.**

Q3 정답 : ⑤

해설 : **얼굴 생김새나 옷차림을 보고 좋은 사람인지 나쁜 사람인지를 구별할 수 없다는 것을 알아야 합니다.** 어떤 경우에도 어른은 어린 학생에게 도움을 요청하지 않는다는 사실을 알려주고, 낯선 사람이 길을 묻거나 말을 걸면 절대 응대하지 말도록 교육해야 합니다.

참고로 미국에서는 성인은 어린이에게 도움을 요청하지 않도록 하여 어린이들에게 접근하지 못하도록 하고 있습니다.

Q4

정답 : ②

해설 : 실종아동 사전 등록제 안전 사이트인 '안전 Dream(www.safe182. go.kr)'이나 안전 Dream 앱을 통해 아이의 정보 및 지문을 등록할 수 있습니다. 경찰서 지구대나 파출소에 방문하여 지문을 등록할 수도 있습니다.

Q5

정답 및 해설 :

- 기분 나쁜 신체 접촉을 하려고 하면 "싫어요! 안 돼요! 하지 마세요!"라고 단호하게 말하고 빨리 그 자리를 피해서 도움을 요청합니다.
- 학생들의 핸드폰에 112를 단축번호로 지정하여 위급상황 시 단축번호 또는 '긴급 신고하기'를 3초 이상 터치하여 신고할 수 있도록 교육합니다.
- 아동안전지킴이집의 위치를 알고 위험 상황 시 아동안전지킴이집 로고가 붙어 있는 동네의 약국, 문구점, 편의점 등에서 도움을 요청할 수 있도록 교육합니다.

Q6

정답 : ②

해설 : 몸에 상처나 멍이 있으며 성폭력이 의심될 때는 입은 옷차림 그대로 몸을 씻지 않고 학부모에게 연락을 취합니다. **성폭력 수사는 증거가 절대적으로 중요하므로 증거 수집을 위해 당시의 겉옷과 속옷을 버려서는 안 됩니다.**

학부모에게 씻거나 샤워하지 말고 가능하다면 빨리 원스톱센터나 응급키트가 있는 병원으로 가는 것이 시간 낭비와 증거 유실을 막을 수 있다는 점을 안내합니다.

학생들에 대한 성폭력이나 유괴는 주로 등하굣길, 학원, 체험학습 차량 등 학교 외 장소에서 더 많이 발생하며, 학생들이 많이 활동하는 낮 시간에 범죄율이 가장 높습니다. 따라서 등하굣길에서 마주하게 되는 낯선 사람에 대한 의미와 접근 방법에 대해 알고 그에 따른 예방 교육이 필요합니다.

학생들은 처음 본 사람이거나 무섭고 험악하게 생긴 사람들만 낯선 사람이자 범죄자라고 생각합니다. 한두 번 본 사람은 아는 사람이라고 생각하기 때문에 낯선 사람을 조심하라고 하는 것은 의미가 없습니다. 어른들은 아이에게 도움을 요청하지 않는다는 사실과 함께 가족 이외에 다른 사람들은 모두 '낯선 사람'이라고 알려주어야 합니다. 또한, 범죄자의 접근 방법을 미리 교육하여 평상시와 다른 행동을 보이는 사람은 더욱 경계할 수 있도록 지도해야 합니다.

즐겁고 안전하게 다녀옵시다!
'현장체험학습 안전'

아니, 이런 사건이?

현장체험학습을 가던 중 버스 안에서 6학년 학생이 배가 아프다고 호소하였습니다. 고속도로를 달리던 중으로 갓길에 세우는 것이 위험하다고 판단한 선생님은 버스 안에서 용변을 보게 했습니다. 그 후, 학생이 계속 배가 아프다고 하여 어머니에게 연락한 후에 학생을 휴게소에 혼자 남겨둔 뒤 떠났습니다. 부모가 도착했을 때는 학생 혼자 남아 있었고, 이에 화가 난 부모

는 선생님에게 항의 후 고발을 하였습니다. 해당 선생님에게는 아동학대 혐의로 벌금형이 선고되었습니다. 판결을 들은 선생님들은 '모든 선생님이 똑같은 일을 당할 수 있다는 우려가 된다. 학급 및 학교 단위 단체 외부활동을 폐지하자.'라는 청원을 하였습니다.

예방 교육의 필요성

학교 안전에 대한 인식이 높아지고 있으나 아이러니하게도 학교 활동 중 안전사고는 갈수록 증가하고 있습니다. 현장체험학습이 증가함에 따라 교통안전사고, 생활안전사고, 신변사고가 늘고 있습니다. 특히, 현장체험학습 이동 과정에서 발생하는 교통안전에 대한 불안감도 높아졌습니다. 단체로 이동하는 현장체험학습 특성상 주로 전세버스를 이용하는데, 많은 학생이 한꺼번에 이동하는 만큼 사고가 나면 대형 사고로 이어질 위험이 큽니다. 따라서 안전한 현장체험학습 매뉴얼과 그에 따른 안전사고 예방 및 대처 방법에 대해 알아두어야 합니다.

당신의 안전 상식은 안전합니까? 안전 상식 자가진단

주제 : 현장체험학습 사전답사 배점 : 10점 난이도 : ★★☆

 Q1 다음은 현장체험학습 시 이루어지는 사전답사에 대한 설명입니다. 적절하지 **않은** 것은 무엇일까요?

① 현장체험학습 장소 사전답사를 통해 위험 요소를 파악하여 제거하고 학생의 안전사고 예방에 중점을 두어 시행한다.
② 매년 같은 프로그램으로 같은 숙박, 식당 등에서 체험학습이 반복되는 경우라 하더라도 대상 학생, 인솔 교사 등이 다른 만큼 사전답사는 실시해야 한다.

③ 1일형 현장체험학습의 경우 학교장의 책임하에 현장체험학습 안전 대책 등이 확보되어 있더라도 반드시 사전답사를 시행해야 한다.

④ 학생들의 안전을 담보할 수 있도록 건물 배치도, 비상 대피 요령을 사전에 확보하고 비상구를 확인한다.

⑤ 고위험 활동인 수상, 항공, 산악, 장기 도보, 화학물질 사용, 위험 기구 사용, 수영, 도예 체험, 스키, 스케이트 등은 반드시 사전답사를 시행한다.

주제 : 현장체험학습 활동 전 업무 담당자의 역할　배점 : 30점　난이도 : ★★★

 현장체험학습 활동 전, 업무 담당자가 버스 업체나 기사에게 요청 및 안내해야 할 것을 세 가지 이상 써 보세요. (각 10점)

주제 : 현장체험학습 시 인솔 및 지도교사의 역할　배점 : 15점　난이도 : ★★☆

 현장체험학습 출발 전, 인솔 및 지도교사가 해야 할 일을 아래의 단어를 넣어 세 가지 이상 써 보세요. (각 5점)

인원수, 건강 상태, 안전벨트, 휴게소, 버스

주제 : 현장체험학습 시 인솔 및 지도교사의 역할　배점 : 15점　난이도 : ★★☆

 다음은 현장체험학습 시 인솔 및 지도교사의 역할에 대한 설명입니다. 적절하지 **않은** 것은 무엇일까요?

① 이동 장소마다 참여 인원을 파악하여 낙오되는 학생이 있는지 확인한다.

② 신체허약자 또는 교육활동 운영상 특별한 보호를 요하는 학생을 사전에 파악하여 특별 관리한다.

③ 모든 교육활동에 임장지도를 의무로 하며 현장에서 교육내용을 확인하고 안전사고 예방에 힘쓴다.

④ 동일 원인(동일 음식)으로 추정되는 설사 등 유사 증세 환자가 10명 이상 동시에 발생하면 즉시 학교장에 보고한다.

⑤ 버스 운전자와 가까운 자리에 탑승하여 과속 방지, 안전거리 확보, 대열운행 금지 등 운전자의 준법 및 안전 운행에 필요한 사항을 조언하고, 학생이 안전 운행에 방해되는 행위를 하지 않도록 지도한다.

주제 : 현장체험학습 시 학생의 행동 요령 배점 : 10점 난이도 : ★☆☆

Q5 다음은 현장체험학습 시 학생의 행동 요령에 대한 설명입니다. 적절하지 **않은** 것은 무엇일까요?

① 차량 운행 시 운전자의 안전 운행에 방해가 되는 행위를 하지 않는다.
② 차량 전복 시 비상망치로 창문의 중앙 부분을 부수고 탈출한다.
③ 휴게소에 다녀올 때 및 차량 하차 시 차의 위치와 번호를 확인한다.
④ 인솔 및 지도교사의 연락처 및 응급구조번호를 숙지한다.
⑤ 과도한 현금, 귀중품, 흉기, 주류, 담배, 도박 도구 등을 소지하지 않는다.

주제 : 현장체험학습 시 학부모의 역할 배점 : 10점 난이도 : ★☆☆

Q6 안전한 현장체험학습을 위해 학부모가 할 수 있는 일을 아래의 단어를 참고하여 써 보세요.

안내 자료, 휴대 금지 물품, 특이 사항, 도시락, 신청서, 연락처 다음은 현장체험학습 중 안전사고 발생 시 대처 방법에 대한 설명입니다.
적절하지 **않은** 것은 무엇일까요?

① 언론 보도 발생 시, 언론 대응 창구를 단일화하여 일관된 답변을 하도록 한다.

② 사안 인지 즉시 사안보고서(학교→교육지원청→도교육청)를 제출한다.

③ 현장체험학습 교육활동 중 발생한 사고는 학교안전공제회에서 보상이 가
능하다.

④ 현장체험학습 도중 발생된 사고로 인한 응급 후송 등의 불가피한 상황 발생
시 우선 학교 회계에서 집행할 수 있다.

⑤ 천재지변 또는 안전사고 발생으로 인해 체험학습 진행에 어려움이 예상될
경우, 학교구성원 간의 협의를 통해 신속한 의사결정을 통하여 혼란을 최소
화한다.

뒷장의 정답을 보고 자신의 안전 상식 점수를 확인해 보세요. 틀린 문항에 재도전
하여 놓치고 있던 안전 상식을 꼭! 기억하기 바랍니다.

나의 안전 상식 점수

/ 100점

Q1

정답 : ③

해설 : 1일형 현장체험학습의 경우 학교장의 책임하에 안전 대책 등이 확보되어 있다면, 학교운영위원회 심의(자문)를 받아 사전답사는 생략이 가능합니다.

Q2

정답 : - 차량 계약 시 정기검사표, 점검기록부 및 차량 종합보험 가입 여부 확인

- 버스 운전자 외 안전요원 배치 의무화
- 운전자에게 학생을 대상으로 출발 전 안전교육 실시 요청(차량 비상탈출 방법, 차량 내 소화기 위치 확인, 탈출용 비상망치 사용법 등)
- 차량 운행 시 대열운행 금지
- 출발 전 운전자 교육(경유지, 목적지 상세 안내)
- 시차를 두고 출발하여 집결시간에 20~30분 정도 여유 두기
- 운전자 과속 방지, 안전거리 확보, 음주운전, 신호 위반, 대열운행, 끼어들기 금지 등 안전 운전 요청 및 확인

Q3

정답 : - 현장체험학습 떠나기 전 학생 인원수 확인하기

- 학생 건강 상태 확인 및 주의하기
- 학생 안전벨트 착용 지도 및 확인하기
- 휴게소 안전교육 실시하기
- 현장체험학습 버스를 탈 때 안전수칙 지도하기(차도에서 멀리 떨어져 버스 기다리기, 승하차 시 가방이나 옷자락이 문 사이에 끼지 않도록 주의하기, 차례대로 버스에 오르고 내리기)

Q4

정답 : ④

해설 : 동일 원인(동일 음식)으로 추정되는 설사 등 유사 증세 환자가 **2명 이상** 동시 발생하는 경우 즉시 학교장에 보고하는 동시에 학생을 병원으로 신속하게 후송해야 합니다. 설사 증상은 설사 감염병을 의심할 수 있으며, 단체 모임 및 국내외 여행으로 인해 설사 감염병을 일으키는 병원체의 활동이 활발해지므로 주의해야 하고, 발생 즉시 보고해야 합니다.

Q5

정답 : ②

해설 : 탑승 중에는 반드시 안전벨트를 바르게 착용하고, 차량 전복 시 버스가 완전히 멈춘 후 비상망치로 창문의 모서리 부분을 부수고 탈출해야 합니다. 하차 시 버스 주변에 차량이 다니는지 확인 후 내려야 합니다.

Q6

정답 및 해설 :

안전한 현장체험학습을 위해 학부모가 할 수 있는 일들은 다음과 같습니다.

(활동 전)

- 학교에서 실시하는 안전교육에 대한 안내 자료를 숙지한다.

- 휴대 금지 물품을 확인하고 자녀와 함께 준비한다.
- 자녀의 특이 사항을 인솔 및 지도교사에게 알린다.
- 가정용 또는 외부 도시락을 준비할 경우 위생 안전에 유의한다.
- 식중독 예방을 위해 익힌 음식을 준비한다.
- 현장체험학습 운영 계획 수립에서부터 종료 시까지 참여 가능한 영역에서 적극적으로 참여한다.
- 체험활동 참가신청서 및 동의서를 충분히 숙지한 후 작성한다.

(활동 중)

- 인솔 및 지도교사의 연락처를 숙지하여 사안 발생 시 지체되지 않도록 한다.

(활동 후)

- 현장체험학습 활동에서 얻은 경험을 함께 나누는 대화 시간을 활용하여 자녀와의 공감대를 형성한다.
- 자녀의 건강 상태 및 친구 관계를 관찰함으로써 학교 생활의 변화를 점검해 본다.

 정답 : ②

Q7 해설 : **현장체험학습 과정에서 안전사고가 발생하면 사안을 인지하는 즉시**

학교 → 교육지원청 → 도교육청으로 동시 유선 보고하고, 사후에 사안보고서(교육지원청 → 도교육청)를 제출해야 합니다.

사망 및 입원하는 경우 인원수를 불문하고 보고해야 하며, 같은 장소에서 동일 활동 중 2명 이상이 동시에 다쳐 병원 치료를 받은 경우, 체험학습 종료 후에도 지속적인 치료를 요하는 경우, 기타 학교장 판단하에 보고가 필요한 경우 모두 보고해야 합니다. 그리고 서면보고 시 상세 상황을 보고해야 합니다.

안전 Talk Talk 💬   엄주하 보건교사 Says

안전사고 없는 현장체험학습을 하기 위해서는 현장학습 매뉴얼을 숙지하고 그에 따른 안전사고 예방 및 대처 방법에 대해 알아야 합니다. 또한, 현장체험학습 시행 전 철저한 계획 수립과 사전답사를 실시합니다. 안전사고를 줄이기 위해 현장체험학습 담당자의 역할, 업무 담당자 및 인솔 지도교사의 역할에 대해 알아야 하고, 체험학습기관과 운전기사에게 확인, 요청, 안내해야 할 것에 대해 알고 있어야 합니다.

현장체험학습 중 안전사고 발생 시 대처 방법, 학생의 행동 요령, 처리 과정 등을 숙지하여 안전한 현장체험학습이 될 수 있도록 해야 합니다.

이런 것도 보상이 되나요?
'학교안전공제회'

아니, 이런 사건이?

한 학생이 아침에 서둘러 학교 가던 중 길에서 넘어졌습니다. 학교에 도착한 후 잘 지내다가 1교시가 지난 후 팔이 아파서 못 움직였고, 보건실에 갔더니 병원에 가서 검진을 받아야 한다고 하였습니다. 며칠이 지난 후 학부모로부터 전화가 왔는데, 왜 학교안전공제회에 대해 안내해주지 않았느냐고 따졌습니다. A선생님은 학교 밖에서 다친 것도 안전공제에 해당되는지 몰라

학부모에게 제대로 전달하지 못한 것이 당황스러웠습니다. 이처럼 안전사고 시 안전공제 배상의 범위나 절차를 제대로 몰라 청구하지 못하거나 항의를 받는 경우를 종종 볼 수 있습니다.

예방 교육의 필요성

학부모나 선생님이 학교에서 발생하는 사고에 대해 보상을 해 주는 학교안전공제회를 잘 몰라서 신청을 하지 못하거나 기간이 지나서 사유서를 작성하기도 합니다. 학교 교육과정 내에 해당되는 사건이라고 하지만 그 범위가 어디서부터 어디까지인지, 학교 밖을 벗어나 등하교 시간에도 해당되는지, 학교폭력은 안전공제 대상이 되는지, 치료 이후에 장애 발생 시 추후 보상도 받을 수 있는지 등을 몰라서 제대로 안내가 되지 않는 경우가 많습니다. 학교안전공제회에 대한 내용을 잘 숙지하고 학생 및 학부모에게 안내할 수 있어야 합니다.

당신의 안전 상식은 안전합니까? 안전 상식 자가진단

주제 : 학교안전사고 예방 및 보상에 관한 법률에 따른 공제 대상 사례 배점 : 20점 난이도 : ★★☆

Q1 다음은 여러 안전사고 사례입니다. 해당 사례가 '학교안전사고 예방 및 보상에 관한 법률'에 따른 공제 대상이 된다면 O, 아니면 ×로 표기하세요. (각 5점)

> 1. 학생이 온라인 학습을 위한 교과서를 배부받고 집으로 돌아가던 중 운동장 배수로에 한쪽 다리가 빠진 사고로서, 배수로를 막고 있는 망이 헐거워 발이 아래로 빠지면서 허벅지가 찢어진 사건
>
> (O, ×)

2. 초등학교 6학년 학생이 방과후 수업을 하기 위해 오후 4시까지도 귀가하지 않고 학교 운동장에서 놀던 중, 멀리뛰기를 하다가 발목이 부러진 사건

(O, X)

3. 학교장 재량 휴업일에 친구들과 함께 점심시간에 학교에 모여 철봉 매달리기를 하던 도중 힘이 빠져 철봉에서 떨어지면서 다리를 다친 사건

(O, X)

4. 배움터지킴이가 교통지도를 위해 출근 도중 계단에서 미끄러지면서 머리를 찧고 손가락이 골절된 사건

(O, X)

주제 : 학교안전사고 예방 및 보상에 관한 법률에 따른 공제 대상 사례 배점 : 20점 난이도 : ★★☆

'학교안전사고 예방 및 보상에 관한 법률'에 따른 공제 대상이 되는 사례로 옳은 것은 무엇일까요?

① 학교장의 요청은 없었으나 자발적으로 교통안전지킴이 어머니회를 구성하여 교통지도를 하다 교통사고를 당한 경우

② 학교로부터 초대받지는 않았으나 학교운동회에 학부모로서 관람하다가 즉흥적으로 줄다리기에 참가하여 경기하다가 허리를 다친 경우

③ 학교장의 승인을 받아 오후 수업시간에 학교 대표로 대한체육회가 주최하는 씨름 대회에 참가하기 위하여 대한체육회가 제공하는 연습장에서 연습하다가 허리를 다친 경우

④ 수업 종료 후 집에 들렀다가 다시 학교에 와서 축구 경기를 하다가 무릎을 다친 경우

⑤ 담임 선생님과 함께 해외여행을 하다가 사고를 당하여 상해를 입은 경우

주제 : 학교안전공제회 사고통지 처리 절차 배점 : 20점 난이도 : ★★☆

학생에게 안전사고가 발생했다면 학교안전공제회 사고통지 처리를 해야 합니다. 올바른 순서가 될 수 있도록 보기의 절차를 배열하세요. (각 5점)

<보기>

사고통지서 작성, 공제급여관리시스템 로그인,
공제급여관리시스템에서 전송 누르기, 학교장 결재

학교안전공제회 사고통지 처리 절차

사고 발생 ▶ (   ) ▶ (   ) ▶ (   )
      ▶ (   ) ▶ 공제회 접수 확인

주제 : 학교안전공제회 청구급여 배점 : 10점 난이도 : ★☆☆

학교안전공제회 사고통지 처리 후 치료가 완료되면 구비서류와 함께 청구급여를 신청해야 합니다. 청구급여와 관련하여 적절하지 <u>않은</u> 것은 무엇일까요?

① 치료가 완료되면 구비서류와 함께 청구급여를 신청한다. 거짓이나 그 밖의 부정한 방법으로 공제급여를 받은 자는 2년 이하의 징역 또는 2천만 원 이하의 벌금에 처한다.

② 공제급여를 할 때 청구서와 진료비·계산서 영수증, 청구인 은행 통장 사본, 진료비 세부내역서, 주민등록등본이 필요하다.

③ 진단서는 본인 부담 진료비가 50만 원을 초과한 경우에 제출한다.

④ 학교안전사고 보상은 일반 민영보험사의 실비보험 상품과 중복 청구할 수 있다.

⑤ 피공제자의 자해·자살한 경우에는 공제급여의 전부를 지급하지 않는다.

주제 : 학교안전사고 통지의무 배점 : 15점 난이도 : ★★☆

학교안전사고예방 및 보상에 관한 법률에 따른 학교안전사고 통지의무와 관련한 설명으로 옳지 <u>않은</u> 것은 무엇일까요?

① 학교안전사고가 발생한 경우 공제가입자인 학교장은 지체 없이 공제회에 통지해야 한다.

② 공제회는 통지받은 사고가 학교안전사고에 해당하지 않을 경우, 학교안전사고가 아님을 안내해야 한다.

③ 학교안전사고가 발생한 경우 최초 목격한 교직원 개인은 학교안전사고 통지의무를 가진다.

④ 사고통지가 늦어지는 경우 피공제자의 부상이나 질병이 학교안전사고에 의한 것인지 인과관계의 입증이 어려워 공제급여 지급 여부 결정에 장애가 생길 수 있다.

⑤ 통지된 사고가 학교안전사고의 보상 범위에 해당하기 위해서는 학교장의 관리 감독에 속하는 업무가 사고의 직접적인 원인이 되는 인과관계가 있어야 한다.

주제 : 학교안전사고 예방 및 보상에 관한 법률에 따른 보상 내용 배점 : 15점 난이도 : ★★☆

Q6 학교안전사고 예방 및 보상에 관한 법률에 따른 보상 내용에 관한 설명으로 옳은 것은 무엇일까요?

① 중학교 교장 선생님은 학교의 학생이 체육시간에 부상을 당하자 병원에 후송하고 우선 치료비를 부담하였는데, 그 치료비는 공제회로부터 지급받을 수 없다.

② 피공제자인 학생이 학교안전사고를 어느 정도 자초한 책임이 있다면 그 요양급여도 과실상계를 하여 지급해야 한다.

③ 학교안선사고로 부상을 입은 학생이 치료를 종결하고도 장해가 남아 맥브라이드표에 의거한 장해율에 따라 장해급여를 신청하면 공제회는 그 장해급여를 지급해야 한다.

④ 교육활동 중 학생이 부상을 입었는데, 학부모가 매월 보험료를 불입한 상해보험으로부터 보험금을 지급받았다 하더라도 이를 공제급여에서 공제하는 것은 아니다.

⑤ 공제회는 피공제자가 향후에도 치료할 필요가 있으면 향후 치료비도 지급해야 하는 것이 원칙이다.

뒷장의 정답을 보고 자신의 안전 상식 점수를 확인해 보세요. 틀린 문항에 재도전하여 놓치고 있던 안전 상식을 꼭! 기억하기 바랍니다.

나의 안전 상식 점수

/ 100점

Q1

정답 : 1. ○ 2. ○ 3. ✕ 4. ✕

해설 : 1. 전염병 상황으로 온라인 개학 중 교과서를 받으려고 학교에 온 후 귀가 중 교내에서 일어난 사고로서, 학교장 승인의 교과서 수령일이었다면 학교안전사고로 처리됩니다.

2. 정규 수업 이후 시간이어도 학교장이 정하는 교육 계획에 따라 학교장의 관리 감독하에 행하여지는 방과후 수업을 참여하기 위하여 기다리다 발생한 사고이므로 교육활동 전후의 통상적인 학교 체류 시간에 발생한 학교안전사고입니다.

3. 학교장 재량 휴업일은 가정에서 학습하는 날로 수업과 상관없이 일어난 사고이기 때문에 학교장이 관리 감독하는 교육활동 중에 발생한 사고로 보기 어려워 학교안전사고에 해당되지 않습니다.

4. 배움터지킴이의 경우 봉사 시간(계약 시간) 내의 활동만 인정되어 학교안전사고에 해당되지 않습니다.

Q2

정답 : ③

해설 : 학생·교직원 및 교육활동참여자에 의한 사고로서 공제급여 대상에

해당됩니다. 또한, 통상적으로 법 제2조 4호 나목에 의거하여 학교장이 인정하였고 학교장의 관리 감독하에 행하여지는 수업활동 시간에 참여한 행사여야 공제가 가능합니다. 학교장의 요청이 없거나 교육활동 목적 또는 시간이 아닐 경우에는 해당되지 않습니다.

💡 추가 꿀팁 정보

1. 공제급여 대상은 학생·교직원 및 교육활동참여자에 의한 사고에 해당합니다.

   1) 학생 : 나이, 성별, 국적 등에 관계없이 학생이어야 하며, 졸업, 퇴학, 자퇴 및 이에 준하는 사유로 학적을 상실하지 않고 있으면 학생으로 볼 수 있습니다.

   2) 교직원 : 학교에서 학생의 교육을 위한 임용으로 교육을 담당하거나 또는 근로계약의 형태로 지속적으로 교육 행정을 담당하거나 보조하는 직원을 말합니다. 기간제 교사, 방과후 학교 교사, 시간제 교사, 행정실 시간제 직원(임시직) 등도 법적으로 교직원에 해당합니다.

   3) 교육활동참여자 : 학생 또는 교직원이 아닌 사람으로서 학교장의 승인 또는 학교장의 요청에 따라 교직원의 교육활동을 보조하거나 학생 또는 교직원과 함께 교육활동을 하는 사람입니다.

2. 교육활동의 범위는 다음과 같습니다.

   1) 학교장의 관리 감독하에 행해지는 활동

2) 등하교 및 각종 행사 또는 대회 등에 참가하여 행하는 활동
3) 그 밖에 대통령령이 정하는 시간 중의 활동

정답 :

학교안전공제회 사고통지 처리 절차
사고 발생 ▶ (공제급여관리시스템 로그인) ▶ (사고통지서 작성)
▶ (학교장 결재) ▶ (공제급여관리시스템에서 전송 누르기)
▶ 공제회 접수 확인

해설 : 학생에게 안전사고가 발생했을 때 학교안전공제회 사고통지 처리 순
서는 다음과 같습니다.

1. 공제급여관리시스템(www.schoolsafe.or.kr)에서 학교별 아이디,
   비밀번호로 로그인합니다.
2. 사고통지서 작성란에 사고 발생 경위 파악 및 일지를 육하원칙에
   따라 작성합니다.
3. 사고 관련자의 학년, 반, 사고 원인 및 목격자 진술, 교사 직무수행
   및 사후 조치 내용을 반드시 포함하여 사고통지를 합니다. 이때,
   14일 이내에 하지 않을 경우 사유서를 제출해야 합니다.
4. 학교장 결재가 완료된 후 공제급여관리시스템에서 사고통지서 전
   송 누르기를 합니다.
5. 전송 후 공제회에서 접수가 되었는지 확인하면 됩니다.

정답 : ⑤

해설 : 치료가 완료되면 공제급여관리시스템에서 공제급여청구서를 작성
하고 청구서 출력 및 학교장이 결재하여 공제급여청구서와 첨부서
류를 공제회로 우편 발송하여 청구할 수 있습니다. 공제회에서 청구
여부를 결정할 때 피공제자의 자해·자살은 지급하지 않지만, 학교안

전사고가 원인이 되어 자해·자살한 경우에는 공제급여의 전부를 지급합니다.

Q5 정답 : ③

해설 : 사고 발생 통지 의무자는 공제가입자인 학교장으로, 이는 교육활동의 관리감독자로서의 기능적 측면과 학교 행정의 책임자라는 행정적 측면이 함께 고려된 것입니다. 학부모나 학생, 교직원 개인에게는 통지의무를 부여하고 있지 않습니다.

Q6 정답 : ④

해설 : 법령에 의한 보험금이 아니라 계약에 의하여 자신이 불입한 보험료의 반환 성격을 가지므로 이를 공제급여는 지급해야 합니다.

① 보전비용으로 공제회에 청구가 가능합니다(법 시행규칙 제7조 제1항 제1호).

② 치료비는 과실을 따지는 대상이 아닙니다.

③ 장해급여액 산정을 위한 장해율은 이 법에 의한 신체 장해의 등급과 노동능력상실표에 의합니다.

⑤ 향후 치료비는 아주 예외적인 경우에만 인정됩니다.

안전 Talk Talk 💬 엄주하 보건교사 Says

학교안전공제회는 교육과정 중에 발생하는 사고에 대한 보험의 일종으로 크고 작은 사고에 대해 보상해 주는 제도입니다. 학교 교육과정 중 발생한 사고의 보상 대상 및 범위, 과실, 보상 여부를 파악하고, 보상청구를 위해 사고통지 및 청구 절차 등에 대해 알고 있어야 합니다. 또한, 학생, 교직원 및 교육활동참여자가 교육활동에 적극적으로 참여할 수 있도록 보상제도에 대해 안내해야 합니다.

생과 사의 갈림길!
'알레르기와 기도폐쇄'

아니, 이런 사건이?

학생들은 점심시간이 되자 기다렸다는 듯이 급식실로 뛰어갔습니다. 그날의 점심 메뉴는 카레였습니다. A학생은 평소 알레르기가 있어서 급식에 무엇이 들어갔는지 주의하였는데, 카레에 우유 성분이 없었기에 맛있게 먹은 후 운동장으로 뛰어나갔습니다. 술래잡기에 열중하던 중 친구가 A학생의 목덜미에서 뭔가를 발견한 듯 했습니다. "너, 모기 물렸나 봐? 많이." 정말 목덜

미가 모기에 물린 것처럼 부어올라 있었습니다. A학생은 술래잡기를 계속하고 싶은 생각에 괜찮겠지 하고 놀이를 하다가 점점 숨 쉬기 힘들 정도가 되었습니다. 목덜미에서 시작된 두드러기는 몸 앞쪽까지 번져나갔습니다. A학생은 결국 쓰러지고 말았습니다.

예방 교육의 필요성

학생들이 학교 활동 중 심장이나 호흡 등의 정지로 생명이 위급한 상황에 놓이기도 합니다. 기도가 막히는 경우 짧은 시간 안에 신속히 대처하지 않으면 생명이 위험할 수도 있습니다. 이때 주위 사람이 위급한 상황을 미리 감지하고 응급조치를 제대로 취했을 경우 생존율에 미치는 효과가 큽니다. 학생들과 생활하는 선생님들은 더더욱 위험한 상황을 예민하게 인지하고 그에 따른 응급대처법을 알고 있어야 합니다.

당신의 안전 상식은 안전합니까? 안전 상식 자가진단

주제 : 섭취한 내용물 알레르기로 인한 질식 배점 : 10점 난이도 : ★☆☆

Q1 다음은 섭취한 내용물 알레르기로 인한 질식에 대한 설명입니다. 적절하지 **않은** 것은 무엇일까요?

① 약물에 의한 브루펜 알레르기도 있다.
② 벌에 쏘여 사망하는 경우 벌침의 독성이 사망 원인이다.
③ 알레르기 쇼크의 주요한 원인은 식품이 84.8%로 가장 많다.
④ 음식 섭취와 관계없이 운동이나 먼지, 햇빛 등으로도 알레르기로 인한 질식이 생길 수 있다.
⑤ 인스턴트 식품, 패스트푸드, 채소에 첨가되는 방부제, 식용색소, 인공감미료 등에 의한 식품 알레르기도 흔해지고 있다.

다음은 알레르기로 인한 증상에 대한 설명입니다. 해당 증상의 명칭은 무엇일까요?

> 우리 몸은 외부에서 세균, 바이러스 등의 이물질이 들어오게 되면 이러한 외부 물질을 적으로 간주하여 몸을 보호하기 위하여 면역반응이 일어나는데, 면역반응이 지나쳐서 과민반응을 일으켜 병이 생기는 경우를 알레르기라고 한다. 식품이나 약물 등에 노출된 후 온몸에 발생하는 심한 알레르기 반응으로 목이 부어서 기도가 막히는 급성 호흡곤란, 혈압 감소, 의식 소실 등 쇼크 증세와 같은 심한 전신반응이 나타나 사망에까지 이른다.

(ㅇㄴㅍㄹㅅㅅ)

 다음은 기도폐쇄의 증상에 대한 설명입니다. ①~③에 들어갈 말은 각각 무엇일까요? (각 5점)

> 기도폐쇄는 완전한 폐쇄인지, 부분적인 폐쇄인지에 따라 다르다. 일부분이 폐쇄일 경우에는 약간의 숨이 가쁜 증상만 나타날 수 있지만, 폐쇄의 정도가 심해지면 극히 당황하는 모습을 보이며, 숨소리가 비정상적으로 들리기도 한다. 또한, 목소리의 변화, 얼굴이 파랗게 변화하는 ① (ㅊㅅㅈ), ② (ㅇㅅ) 저하 등이 일어날 수 있다. 기도가 막히면 기침과 숨 쉬기가 힘들고, 양손으로 ③ (ㅁ)을 감싸는 초킹(Choking) 사인과 얼굴이 파랗게 변하는 ① (ㅊㅅㅈ)이 나타난다.
> 또한, 의식을 잃어 입으로 숨을 불어넣을 수 없는 상태에서 발견되기도 한다. 완전한 폐쇄는 이때 신속하게 응급처치를 실시하지 않으면 생명이 위험할 수 있다. 질식사고 발생 시 3~6분 정도 기도가 막히면 사망하는 경우가 있어, 사고 발생 시 119 신고를 다른 사람에게 부탁하고 즉시 응급처치를 해야 한다. 특히, 기도폐쇄는 다시 회복해도 경험자의 23%에서 저산소증, 저혈압, ② (ㅇㅅ) 소실 같이 신경계 증상이 손상되는 후유증이 있어 조기에 살피는 것이 중요하다.

다음은 알레르기에 의한 기도폐쇄 예방 방법에 대한 설명입니다. 적절하지 **않은** 것은 무엇일까요?

① 음식 의존성 운동 유발성 아나필락시스의 경우는 관련된 음식 노출을 피하고, 노출되었다면 운동을 제한하도록 한다.

② 학생 자신의 증상 원인 물질은 민감한 개인정보이므로 보안에 유의하고 주변 사람들에게 공개되지 않도록 해야 한다.

③ 아무리 주의를 해도 예기치 않게 노출되는 경우가 있으므로 알레르기 원인을 알고 있고 과거 아나필락시스를 경험한 학생이라면, 병원에서 자가주사용 에피네프린을 처방받아 에피네프린 자가주사기를 휴대하도록 한다. 아울러 학교 보건실에 보관하거나 늘 소지할 수 있도록 해주어야 한다.

④ 학생의 신체 상태를 알 수 있어야 한다. 아나필락시스를 잘 유발하는 원인에 노출된 후 짧은 시간 내에 피부나 점막에 두드러기가 나타나거나 혈관이 붇고, 호흡 곤란 등의 호흡기 증상이나 저혈압 등이 나타난다.

⑤ 초기에는 입 주위나 얼굴에 따끔거리는 느낌, 혹은 입안이 마르는 느낌이 동반되기도 한다. 피부 또는 점막에 두드러기, 소양감, 홍조, 또는 입술이나 혀에 혈관 부종이 생길 수 있다. 특히, 목젖을 중심으로 하여 후두 부위에 심한 혈관 부종이 생기면 기도가 막혀 질식할 수 있으므로 주의가 필요하다.

다음은 음식물이나 장난감에 의한 기도폐쇄의 사례입니다. 각 빈칸에 들어갈 알맞은 말은 무엇일까요? (각 5점)

- 아이가 장난감을 집어삼킨 경우
- (ㄴㅇㅅ) 과자를 먹거나 위로 던져 올려서 받아먹은 경우
- 입에 음식물을 가득 문 채 (ㄸㅇㄱㄴ) 경우
- 목으로 쉽게 넘어가는 동글동글한 작은 음식물(사탕, 방울토마토 등)이나 구슬을 먹은 경우
- 음식물을 충분하게 (ㅆㅈ) 않고 삼킨 경우
- 흥분하거나 크게 (ㅇㅇㅁㅅ) 음식물을 삼킨 경우

주제 : 알레르기에 의한 기도폐쇄 대처 방법 배점 : 15점 난이도 : ★★★

Q6 다음은 선생님의 기도폐쇄 대처 방법 절차를 순서 없이 나열한 것입니다. 순서내로 배열해 보세요.

> ㉠ 아나필락시스 과거력이 있는 경우, 증상이 발생하면 학생이 에피네프린 주사를 가지고 있는지 확인한다. 이때 에피네프린을 주사하는 것이 가장 중요하다.
>
> ㉡ 알레르기 반응 직전에 접촉한 물질을 병원에 설명한다. (원인 물질, 시간, 장소, 증상, 조치 방법 등)
>
> ㉢ 무엇을 먹거나 만지거나 냄새 등을 맡고 나서 전신에 이상 반응이 왔다면 기도가 막혔는지 살펴본다.
>
> ㉣ 보호자의 사전 동의가 있는 경우, 자가주사용 에피네프린을 투여한 후 병원으로 이동한다.
>
> ㉤ 아나필락시스나 기도가 막히는 증상이 의심된다면 즉시 주변에 알리고, 환자의 상태 파악 후 위급하다고 생각되면 119로 전화를 걸어 구급차를 요청한다.

주제 : 음식물 및 장난감에 의한 기도폐쇄 대처 방법 배점 : 10점 난이도 : ★☆☆

음식물 및 장난감에 의한 기도폐쇄 사건 발생 시, 하임리히법으로 이물질을 제거하는 데 성공하였다면 꼭 병원에 갈 필요는 없다.

(O / X)

뒷장의 정답을 보고 자신의 안전 상식 점수를 확인해 보세요. 틀린 문항에 재도전하여 놓치고 있던 안전 상식을 꼭! 기억하기 바랍니다.

나의 안전 상식 점수

/ 100점

Q1 정답 : ②

해설 : 알레르기를 일으키는 물질은 다양합니다. 가장 주요한 원인에는 식품으로 인스턴트 식품, 패스트푸드, 방부제, 식용색소, 인공감미료 등에 의한 식품 알레르기가 있습니다. 또한, 약이나 벌, 운동이나 먼지, 햇빛 등으로도 알레르기가 발생될 수 있습니다. **벌에 쏘여 사망한 사건의 원인은 벌침의 독성이 아닌 곤충의 물질로 아나필락시스가 발생된 것입니다.**

Q2 정답 : 아나필락시스

해설 : 아나필락시스는 알레르기 반응이 갑자기 광범위하게 나타나는 것으로, 생명을 위협할 수 있습니다. 흔히 불안감으로 시작되고 현기증이 뒤따라 나타납니다. 이때 전신의 가려움과 두드러기, 부기, 쌕쌕거림, 호흡 곤란, 실신, 또는 다른 알레르기 증상이 발생합니다. 이러한 반응이 급속히 진행되면 1~2분 내에 졸도하고 호흡이 중단되며, 발작이 일어나고 의식을 잃게 됩니다. 즉시 응급치료를 받지 않으면 그 반응이 치명적일 수 있습니다. 따라서 유발 요인을 피하는 것이 최선의 방법입니다.

Q3 정답 : ① 청색증 ② 의식 ③ 목

해설 : 기도폐쇄는 그 정도에 따라 나타나는 모습이 다른데, 초기에는 입주위나 얼굴에 따끔거리는 느낌, 혹은 입안이 마르는 느낌이 동반되기도 합니다. 또한, 피부나 점막에 두드러기, 소양감, 홍조, 또는 입술이나 혀에 혈관 부종이 생길 수 있습니다. 특히, 목젖을 중심으로 하여 후두 부위에 심한 혈관 부종이 생기면, 기도가 막혀 호흡 곤란이 심해지면서 얼굴이 파랗게 변화하는 청색증이나 의식 저하 등이 일어날 수 있습니다. 3~6분 정도 기도가 막히면 사망할 수 있기 때문에 사고 발생 시 119 신고를 다른 사람에게 부탁하고 즉시 응급처치를 해야 합니다.

Q4 정답 : ②

해설 : 학생 자신의 증상 원인 물질을 주변 사람들에게 항상 말하도록 하고, 내용이 적힌 카드를 휴대하여 알레르기 반응에 대해 추가적인 대비를 할 수 있도록 합니다. 이를 통해 병원에서 약 처방을 받을 때 원인 약물이 재차 투여되는 것을 예방할 수 있고, 정신을 잃고 쓰러졌을 경우 주변 사람이 그 원인을 짐작하여 적절한 응급조치를 시행할 수 있도록 도울 수 있습니다.

Q5 정답 : 누워서, 뛰어가는, 씹지, 웃으면서

해설 : 사례와 같은 경우 쵸킹사인을 보입니다. 처음에는 기침을 하며 안절부절못하고 쌕쌕거리는 숨소리를 냅니다. 그러다 목을 손으로 감싸 쥐는 '초킹사인'을 하고 숨을 못 쉬어 힘들어 합니다. 또한, 말을 할 수 없고 얼굴이 파랗게 변합니다.

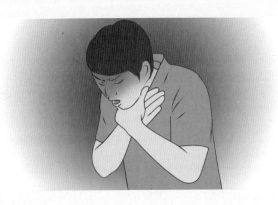

Q6 정답 : ㄷ - ㅁ - ㄱ - ㄹ - ㄴ

해설 : 학생의 행동을 살펴보고 원인 물질을 제거해 줍니다. 기도가 막히는 증상이 의심된다면 즉시 주변에 알리고 환자의 상태를 파악한 후, 위급하다고 생각되면 119로 전화를 걸어 구급차를 요청해야 합니다. 아나필락시스 과거력이 있는지 묻고 학생이 기관지 확장제나 에피네프린 주사기를 가지고 있는지 확인해서 흡입하게 하거나 주사하는 것이 가장 중요합니다.

에피네프린은 응급상황에서 일반인들도 사용할 수 있도록 제작되었으며, 손안에 주사기를 쥐고 뚜껑을 제거하여 허벅지 중간 바깥쪽 부위에 근육주사로 투여합니다. 또한, 보호자에게 연락하여 사전 동의를 받아 투여한 후 병원으로 이동해야 합니다.

Q7 정답 : X

해설 : 실제 하임리히법으로 이물질을 제거한 경우, 반드시 복부 내부의 장기 손상 여부를 확인하기 위해 병원 검진을 받도록 합니다.

💡 **추가 꿀팁 정보**

음식물이나 장난감에 의한 기도폐쇄 시 대처 방법은 다음과 같습니다.

- 호흡 상태가 정상이고 의식이 있는 경우에는 기침을 하도록 계속 유도하며, 지속적으로 기침을 해도 이물질이 배출되지 않으면 즉시 119에 신고한다.
- 하임리히법을 한다
  - 1단계 : 완전 기도폐쇄인지 확인한 뒤 완전 기도폐쇄라면 주위에 구조를 요청한다.
  - 2단계 : 환자 뒤에 선 뒤 구조자의 주먹을 명치와 배꼽 사이에 댄다.
  - 3단계 : 다른 손으로 주먹을 감싸 쥔 뒤 위를 향해 힘껏 쳐 올린다.
  - 4단계 : 이물질이 나올 때까지, 혹은 구조자가 올 때까지 하임리히법을 계속 시행한다.

안전 Talk Talk 💬

엄주하 보건교사 Says

기도가 막혀 생명을 위협받는 질식은 순간적으로 발생하고, 목숨을 앗아갈 수 있습니다. 응급처치로 소생했다고 해도 저산소성뇌증이 되고, 그 후의 생활에 큰 지장을 초래하기도 합니다. 이는 평소 예방과 함께 얼마만큼 빨리 발견하여 처치하느냐가 중요합니다. 그러므로 학생들과 함께하는 선생님들은 질식에 관한 지식을 가지고 있어야 합니다. 또한, 학생들이 기도폐쇄를 유발할 수 있는 원인에 주의할 수 있도록 안내해야 합니다.

기도폐쇄는 알레르기로 인한 아낙필라시스와 장난감을 삼키는 과정 중에 발생됩니다. 기도폐쇄를 의심해 볼 수 있는 증상에는 몸에 두드러기가 나거나 입안에 뭔가를 물고 있으면서 말을 할 수 없고 숨을 못 쉬는 것 등이 있습니다. 이런 증상을 보이는 학생을 보면 당황하지 말고 주변 사람이 그 원인을 짐작하여 신속하게 대처 및 응급처치를 실시하여 도움을 주어야 합니다.

PART
04

119 구급대원
& 예방대책팀 소속
현직 소방관의
생생한 안전 이야기

이재현 소방장

자연재난으로부터
우리 교실 지키기

아니, 이런 사건이?

요즘 환경 파괴로 인한 기후 변화가 심각합니다. 한여름의 집중호우 및 폭염, 기온이 큰 폭으로 떨어지며 내리는 대설, 그리고 한파까지 이상기후 현상이 이어지고 있습니다. 환경부 및 기상청 등에 따르면 최근 몇 해 동안 많은 재산과 인명 피해가 발생하였다고 합니다. 현재 우리나라의 기후 대책은 아직 가야 할 길이 멀기에 폭설, 집중호우, 한파 등 앞으로 발생할 수 있는 자

연재난에 어떻게 대처해야 할지 걱정입니다.

예방 교육의 필요성

현재 지구 온난화로 인한 이상기후가 다양한 자연재난을 일으키고 있습니다. 지난 2020년은 50일 가까이 지속된 장마와 한파 및 폭설 등으로 인해 많은 인명과 재산 피해가 발생하였습니다. 그러나 지구 온난화를 막기 위한 탄소 중립선언 등 기후 대책은 아직 초기 단계이기 때문에 학생과 선생님 모두 관심을 기울이고 자연재난에 대비할 필요가 있습니다.

당신의 안전 상식은 안전합니까? 안전 상식 자가진단

주제 : 황사 및 미세먼지 대비 행동 요령 배점 : 15점 난이도 : ★★★

Q1 다음 중 황사 및 미세먼지에 대한 학교에서의 대비 행동 요령으로 적절하지 **않은** 것은 무엇일까요?

① 먼저 황사에 노출되는 것을 막기 위해 학생들의 실외활동을 즉각 중지하거나 연기한다.
② 학생과 학부모를 대상으로 황사 피해 예방을 위한 구체적인 행동 요령을 지도, 홍보한다.
③ 휴업 조치 시, 학생들은 외부로 나가지 않고 반드시 가정에서 자율학습을 진행한다.
④ 기상청에서 발표한 기상 예보를 분석하고, 지역 실정에 맞게 휴업 또는 단축 수업을 신중히 검토한다.

주제 : 황사 및 미세먼지 대비 행동 요령 배점 : 10점 난이도 : ★☆☆

Q2 다음은 황사가 심했던 다음 날 학생들의 대화입니다. 적절하지 **않은** 말을 한 학생은 누구인가요?

- A학생 : 어제 황사가 심했으니까 창문틀과 바닥 등 실내외 청소를 해 볼까?
- B학생 : 좋은 생각이야! 먼지가 많이 쌓였을 테니 먼지털이개로 깨끗하게 털어내도록 하자.
- C학생 : 혹시 감기나 가려움증이 있으면 선생님께 말씀드리고 귀가하거나 병원에 가야 할 것 같아.
- D학생 : 실내 공기가 답답하니 이제 환기를 시켜서 쾌적한 상태를 유지하자.
- E학생 : 난 식당이나 공용 시설 등에 소독이 제대로 되었는지 선생님께 여쭤볼게.

주제 : 온열 질환의 종류 배점 : 10점 난이도 : ★☆☆

 다음은 뜨거운 환경에 장시간 노출될 때 발생하는 급성질환인 온열 질환에 대한 설명입니다. 각 빈칸에 들어갈 말은 무엇일까요? (각 5점)

> 1. (ㅇㅌㅈ) : 더위 탓에 말초혈관 확장으로 혈액순환이 안 되고, 이로 인해 혈압이 떨어지면서 현기증과 함께 신체 피로감이 급격히 나타나는 상태이다.
> 2. (ㅇㅅㅂ) : ㅇㅌㅈ보다 더 심각한 상태로 중추신경계통 이상 등으로 40도 이상으로 체온이 치솟고 오심, 구토, 의식 소실 등 여러 증상이 복합적으로 나타난다. 체온은 높지만 땀을 많이 흘리지 않아 피부가 건조하고 뜨거운 것이 특징이다.

주제 : 온열 질환 대처 요령 배점 : 10점 난이도 : ★☆☆

 다음은 학생들에게 온열 질환 대처 요령에 대해 교육할 내용입니다. 적절하지 **않은** 것은 무엇일까요?

① 활동을 즉시 중단하고 가능한 한 빨리 시원한 장소로 이동하여 다리를 올려 준다.
② 전해질 음료나 물을 마시게 하여 수분을 섭취하고 환자의 상태를 살펴본다.
③ 전신 순환에 도움을 주고, 몸을 조일 수 있는 의복을 벗긴다.
④ 30분 이내에 회복되지 않을 경우 병원에서 처치를 받아야 한다.
⑤ 최대한 빨리 열을 떨어뜨려야 하므로 얼음물로 목욕을 시키는 것이 좋다.

Q5 다음은 태풍 및 폭우 상황 시 학생의 대처 요령에 대해 교육할 내용입니다. 각각의 내용에 대해 ○ / × 표기를 하세요. (각 5점)

> 1. 방송이나 인터넷 등을 통해 기상 상황을 확인하며 등교시간 조정 및 휴업 여부를 확인하고 우산, 우비 등 우천 대비 용품을 준비한다.
> (○ / ×)
> 2. 등하교 시 저지대나 상습 침수지역은 우회하여 안전한 길로 다니며, 집중호우로 인하여 빠르게 흐르는 물은 피한다.
> (○ / ×)
> 3. 학교에서는 시설물 파손이나 누수 발견 시 즉시 선생님에게 알리고, 위험지역으로 표시된 건물 등에 접근하지 않는다.
> (○ / ×)
> 4. 벼락이 치면 건물 안은 위험하므로 밖으로 나가고, 움푹 파인 곳보다는 평평한 곳으로 간다.
> (○ / ×)
> 5. 물이 고인 곳은 피하고, 간판 등 낙하물이 있는 곳을 벗어나서 보행한다.
> (○ / ×)

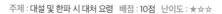

 Q6 다음은 대설 및 한파 시 학생의 대처 요령에 대한 설명입니다. 적절하지 **않은** 것은 무엇일까요?

① 체온 유지 용품(장갑, 모자 등)을 준비하며, 구두 착용은 미끄러지기 쉬우므로 자제한다.
② 대설 및 한파로 등교가 어려울 경우 담임 선생님이나 학교에 연락을 한다.
③ 등하교 시에 장갑이 없으면 주머니에 손을 넣어 동상을 방지한다.
④ 눈 쌓인 지붕이나 고드름이 있는 곳은 접근하지 않고, 학교 현관 입구 또는 계단에서는 난간을 잡고 이동한다.
⑤ 걸을 때 빙판이 있는지 확인하고 최대한 피해서 걸으며, 경사진 빙판길을 지날 때 낮은 자세로 지지물을 잡고 보폭을 좁게 하여 조금씩 걷는다.

다음은 한랭 질환에 대한 설명입니다. 적절하지 않은 것은 무엇일까요?

① 추위가 직접 원인이 되어 인체에 피해를 입힐 수 있는 질환 모두를 통칭하여(저체온증, 동상, 동창 등) 한랭 질환이라고 한다.

② 저체온증의 경우 심부체온이 35℃ 미만으로 내려간 상태로, 심장, 폐, 뇌 등 중요 장기의 기능이 저하되어 말이 어눌해지거나 기억장애가 발생하기도 한다.

③ 저체온증 응급처치의 경우 신속히 병원으로 가거나 빠르게 119로 신고하고, 젖은 옷은 벗기고 담요나 침낭으로 감싸준다.

④ 동상 응급처치의 경우 손가락과 발가락 사이에 소독된 마른 거즈를 끼워 서로 붙지 않도록 하고, 동상 부위를 심장보다 약간 낮게 하여 혈액순환이 잘되도록 해야 한다.

⑤ 저체온증 응급처치의 경우 배 위에 핫팩이나 더운 물통 등을 두어 체온을 높여주고, 의식이 있는 경우에는 따뜻한 음료가 도움이 될 수 있으나 의식이 없는 경우 119에 신고하고 환자를 따뜻한 곳으로 옮기는 것이 우선이다.

뒷장의 정답을 보고 자신의 안전 상식 점수를 확인해 보세요. 틀린 문항에 재도전하여 놓치고 있던 안전 상식을 꼭! 기억하기 바랍니다.

나의 안전 상식 점수

/ 100점

Q1 정답 : ③

해설 : 학교에서는 휴업 조치를 하더라도 학생들의 **비상연락망을 다시 한 번 점검해 연락 체계를 유지하고**, 맞벌이 부부 자녀에 대해서는 학교에서 자율학습을 진행할 수 있도록 해야 합니다.

Q2 정답 : B학생

해설 : 학교에서는 미세먼지나 황사가 지나간 후 실내외를 깨끗이 청소하는 것이 좋습니다. 그러나 미세먼지나 황사에 노출된 시설물에 쌓여 있는 먼지는 손이나 먼지털이개로 털어 내면 공기 중에 부유하여 실내 공기가 나빠질 수 있고 다른 곳에 다시 쌓이게 될 수도 있기 때문에 털어 내지 않고 **물에 젖은 걸레 등으로 닦아내야 합니다.**

또한, 교실에 설치되어 있는 공기청정기는 실내 먼지를 빨아들여 걸러낸 공기를 내보내는 시스템이므로 적정 위치 선정 및 유지 관리에 신경 써야 합니다.

Q3 정답 : 1. 열탈진 2. 열사병

해설 : 온열 질환의 경우 열탈진과 열사병 모두 뜨겁고 무더운 환경에 장시

간 노출되어 발생하는 공통적인 질환입니다. 우리가 흔히 알고 있듯이 무더운 폭염 속에 오랜 시간 노출되었을 때 땀이 많이 나고 기운이 없는 경우가 열탈진입니다. 이보다 더 장시간 노출되어 심각한 상황인 열사병의 경우 체온이 40도 이상으로 오르며, 오히려 땀을 많이 흘리지 않고 건조하며 뜨거운 피부 상태를 보입니다.

> 💡 추가 꿀팁 정보
>
> 온열 질환 환자를 발견했을 때 땀을 많이 흘리고 기운이 없는 상태라면 시원하고 그늘진 곳에서 쉴 수 있도록 하고, 물 분무기나 선풍기, 아이스팩 등으로 시원하게 해 주며, 전해질 음료나 물을 마시게 하여 수분을 보충해 주는 것이 좋습니다. 그러나 피부가 건조하고 뜨거우며 구토 및 의식 소실 등의 이상 증상을 보인다면 생명에 지장을 초래할 수 있는 매우 응급한 상황이므로 즉시 119에 신고해야 합니다.

Q4

정답 : ⑤

해설 : 열을 신속히 떨어뜨리기 위해 선풍기 또는 얼음주머니 등을 큰 혈관이 분포해 있는 사타구니, 목, 겨드랑이에 대어 주거나 분부기로 물을 뿌려 시원하게 해 주면 좋습니다. 하지만 **얼음물로 목욕을 시킨다거나 추워서 떨 정도로 열을 식힌다면 환자가 저체온증에 빠질 위험이 있기 때문에 하지 말아야 합니다.**

Q5

정답 : 1. ○ 2. ○ 3. ○ 4. × 5. ○

해설 : 낙뢰가 발생하면 몸을 낮추고 대피하는 것이 가장 중요합니다. 사람이 낙뢰를 맞게 되면 최악의 경우 전류가 인체를 통과해 호흡과 심장이 멈춰 생명을 위협하는 매우 위험한 상황이 올 수 있습니다. 따라서 직접 낙뢰를 맞지 않도록 몸을 낮추고 건물 안이나 움푹 파인 곳으로 대피해야 합니다. 이렇게 태풍 및 폭우의 기상 상황이 예측될 때 학생들에게도 실시간 방송이나 인터넷 등을 통하여 관심

있게 기상 상황을 확인할 수 있도록 지도하고, 등하교 시 학교 주변 저지대나 상습 침수지역을 안내하여 우회해 안전하게 등교할 수 있도록 해야 합니다.

Q6 정답 : ③

해설 : 매서운 추위에 장시간 노출될 경우 동상에 걸릴 수 있지만, 등하교의 짧은 시간 동안 동상에 걸리긴 어렵습니다. **오히려 장갑이 없어 손을 넣고 이동하다 넘어질 경우 즉각적인 반사적 행동을 하기 어렵기 때문에 머리나 허리 등에 더 큰 손상을 입을 수 있습니다.** 대설·한파란 아침 최저기온이 영하 12도에서 15도 이하가 이틀 이상 지속될 때를 말하기 때문에 많은 빙판길이 예상됩니다.

따라서 학생들에게 빙판길 안전사고를 대비하여 사전에 보온용품이나 미끄럽지 않은 신발을 준비할 수 있도록 지도하고, 눈이 많이 쌓이거나 고드름이 있는 곳은 되도록 접근하지 말며, 빙판길을 지나가야 할 경우 좁은 보폭으로 지지물을 잡고 이동하도록 지도해야 합니다.

Q7 정답 : ④

해설 : 동상의 응급처치는 추위로 인해 수축된 혈관을 이완시키고 세포 사이 결빙을 풀어주는 것이 목적이므로, 따뜻한 곳으로 이동하여 동상 부위를 **심장보다 높게 해서 혈액의 순환을 원활하게 해 주고 부종을 줄여줘야 합니다.**

동상 부위가 발가락이나 손가락일 경우 물집 또는 부종이 나타나 사이가 붙을 수 있기 때문에 소독된 거즈를 끼워 붙지 않게 해야 하며, 귀 또는 코 등 물에 담글 수 없는 부위의 경우 따뜻한 물수건을 대어주고 자주 갈아주는 것이 좋습니다.

한랭 질환 중 저체온증은 심부체온이 35℃ 미만으로 내려간 상태로, 심장, 폐, 뇌 등 중요 장기의 기능이 저하되어 말이 어눌해지며 기억장애가 발생하거나 지속적인 피로감을 느끼고 팔, 다리의 심한 떨림 증상과 함께 점점 의식이 흐려지는 증상이 나타납니다. 동상은 혹한에 의해 인체 조직이 동결하여 손상되는 것으로 주로 코, 귀, 손가락, 발가락 등 노출 부위에 발생합니다.

증상은 1도에서 4도로 나눌 수 있는데, 1도는 찌르는 듯한 통증과 붉어지고 가려움, 부종이 나타나고, 2도의 경우 피부가 검붉어지고 물집이 생깁니다. 3도는 피부와 피하조직이 괴사되거나 감각 소실이 올 수 있으며, 4도의 경우에는 근육 및 뼈가 괴사됩니다.

안전 Talk Talk 💬

이재현 소방장 Says

봄철이면 더 극성을 부리는 황사와 미세먼지, 점점 더 무더워지는 여름철 우리의 생명을 위협하는 폭염, 매년 여름 찾아오는 태풍과 집중호우, 그리고 겨울의 대설과 한파까지. 사계절 모두 자연 재난에 관심을 가지고 미리 대처하는 지혜와 노력만이 피해를 최소한으로 줄이고 모두가 안전해지는 지름길입니다.

사례로 알아보는 '화재 예방'

아니, 이런 사건이?

서울의 A초등학교에서 방과후 수업이 진행되던 오후 4시 무렵에 화재 사건이 발생했습니다. 학교 재활용품 수거장에서 시작된 불길이 인접해 있던 주차장의 차량을 태운 뒤 주차장 천장으로 불길이 번져 건물의 5층까지 타올랐고, 결국 수억 원 규모의 재산 피해가 났습니다. 선생님들이 신속하게 학생들을 안전하게 대피시켜 큰 인명 피해는 없었지만, 방과후 수업을 하던 학생

과 선생님들이 갑작스런 화재 상황에 놀라 대피하는 소동이 벌어졌습니다.

6개월간의 합동 감식 결과, 재활용품 수거장에서 담뱃불에 의한 실화로 밝혀졌고, 중실화죄 혐의로 기소된 학교 관계자는 바로 이 학교의 선생님으로 알려져 많은 이들이 충격에 빠진 사건이었습니다.

예방 교육의 필요성

학교는 국민건강증진법 제9조에 따라 전체 금연구역으로 지정되어 있지만, 화재에 대한 안일한 생각은 큰 피해를 가져올 수 있습니다. 화재가 발생하면 크든 작든 어떠한 형태로든 피해가 발생할 수 있기 때문에 예방이 매우 중요합니다.

당신의 안전 상식은 안전합니까? 안전 상식 자가진단

주제 : 학교 화재 예방에 관한 기초 지식 배점 : 20점 난이도 : ★★☆

Q1 학교 화재 발생에 대해 맞는 것에 ○, 틀린 것에 × 표기를 해 보세요. (각 5점)

1. 초등학교에서의 화재사고가 중고등학교보다 빈번하게 발생한다.
(O / X)

2. 화재 원인 1위는 누전, 합선, 과부하 등이고, 2위는 담뱃불, 부주의 등이다.
(O / X)

3. 소화설비인 스프링클러 설치는 의무이고, 전국 초등학교에 설치되어 있다.
(O / X)

4. 소방차 주차 전용 공간 마련은 법적으로 의무이고, 전국 학교에 마련되어 있다.
(O / X)

다음은 전기적 원인 화재 예방 방법에 대한 학생들의 대화입니다. 적절하지 **않은** 말을 한 학생은 누구일까요?

- · A학생 : 오래된 전기시설 및 제품은 교체 건의를 해 보는 게 어떨까?
- · B학생 : 전기기기는 사용 후에 꼭 플러그를 뽑아 놓도록 하자.
- · C학생 : 효율적인 전기 사용을 하기 위해 멀티탭을 적극 활용하면 좋을 것 같아.
- · D학생 : 이 전기 코드는 피복이 벗겨져 있는데, 선생님께 말씀드려야겠어.
- · E학생 : 전선 부분을 잡고 뽑지 않아야 할 것 같아.

 다음은 교내 부주의로 인한 화재 및 예방 방법입니다. 적절하지 **않은** 것은 무엇일까요?

① 겨울철 행정실, 교무실 등에서 보조난방기구의 부주의한 사용이 화재의 원인이 되기도 한다.

② 학교는 금연구역으로 지정되어 있지만 담배꽁초로 인한 화재 사건이 지속적으로 발생하고 있다.

③ 전기히터, 전기장판 등 보조난방기구는 안전인증(KC마크)을 받은 제품인지 확인하고 벽에 밀착시켜 설치해야 더욱 안전하다.

④ 담배꽁초 등에 의한 화재를 예방하기 위해서 교직원 및 학교 시설 책임자의 소방안전의식을 강화한다.

⑤ 쓰레기 등 가연물을 제거하여 쓰레기통 및 소각로 관리를 철저히 하고, 화재 예방 교육을 지속적으로 실시하여야 한다.

 다음은 교내 화재 발생 시 대피 방법에 대한 설명입니다. 적절하지 **않은** 것은 무엇일까요?

① 불이 나면 가장 먼저 해야 할 일은 119에 신고하는 것이다.

② 교내에서 화재가 났을 때 최초 화재 목격자는 비상벨을 눌러 화재 상황을

알리고 대피한다.

③ 대피 시 엘리베이터는 이용하지 않고 젖은 수건으로 입과 코를 막고 자세를 낮춘 뒤 당황하지 말고 침착하게 이동한다.

④ 화재로 인해 아래층으로 대피가 어려울 경우 옥상으로 대피 후 구조를 요청해야 한다.

⑤ 대피 시 화재로 인해 연기 혹은 전기 차단으로 시야 확보에 어려움이 있을 수 있으므로 피난 설비인 유도등을 따라 대피해야 한다.

주제 : 피난구 유도등   배점 : 20점   난이도 : ★★☆

 다음은 유도등의 표시 색에 대한 설명입니다. ①~②번에 들어갈 알맞은 색깔은 각각 무엇일까요?

'소방시설 설치·유지 및 안전관리에 관한 법률'에 따르면 유도등의 표시면 색상은 '피난구 유도등'의 경우 (①)색 바탕에 (②)색 문자로, '통로 유도등'의 경우 (②)색 바탕에 (①)색 문자를 사용하도록 규정되어 있다.

주제 : 화재 시 대피 방법 익히기 활동   배점 : 30점   난이도 : ★★★

 학생들이 화재 시 대피하는 방법을 익힐 수 있는 활동에는 어떤 것이 있을지 아래 단어를 넣어 활동을 구상해 보세요.

대피도, 안내판, 표시, 대피하는 방법

뒷장의 정답을 보고 자신의 안전 상식 점수를 확인해 보세요. 틀린 문항에 재도전하여 놓치고 있던 안전 상식을 꼭! 기억하기 바랍니다.

나의 안전 상식 점수

/ 100점

정답 : 1. ○ 2. ○ 3. ✕ 4. ✕

해설 : 1. 교육부가 2014년부터 2019년까지 6년간 학교 화재 발생 현황을 조사한 결과에 따르면, 초등학교에서의 화재사고가 144건으로 중고등학교보다 빈번하게 발생하고 있는 것으로 나타났습니다.

2. 2014년 1월부터 2019년 7월까지 원인불명을 제외하면 화재 원인 1순위는 누전, 합선, 과부하 등 전기적 원인이었고, 2위가 담뱃불, 부주의 등 대부분 인재인 것으로 나타났습니다.

3. 스프링클러는 건물의 층수나 바닥면적, 구조 등에 따라 기준이 다르게 때문에 모든 초등학교가 의무 사항은 아닙니다. 하지만 화재 초기에 매우 효과적이기 때문에 스프링클러가 모든 학교에 설치되어 있다면 좋겠지만, 아직은 설치율이 전국 초등학교의 34%에 불과한 것으로 나타났습니다.

4. 소방차 주차 전용 공간은 소방기본법에 따라 학교는 학생을 위해 쓰는 기숙사가 3층 이상일 경우에만 의무사항이므로 초등학교의 경우 법적 의무 사항은 아닙니다.

정답 : C학생

해설 : 멀티탭은 적정 사용량을 초과할 경우 과부하로 인한 전기화재가 발생할 수 있기 때문에 반드시 허용전력량을 확인하여 사용해야 합니다. 또한, 예방을 위해 콘센트에 여러 개의 플러그를 꽂는 문어발식 사용을 하지 않는 것이 좋습니다.

아울러, 전선 부분을 잡고 플러그를 뽑을 경우에는 전선이 단자 부분과 단락이 되거나 헐거워져 접속 불량이 될 수 있기 때문에 주의해야 합니다.

💡 **추가 꿀팁 정보**

화재 1순위인 전기화재를 예방하기 위해서는 학교 내 노후 전기시설 및 제품을 적극 교체해야 하며, 전기용품 안전점검 및 정비를 철저히 해야 합니다. 전기합선을 막기 위해 전기코드가 부분적으로 끊어지거나 피복이 벗겨진 곳이 있는지 확인하고, 못이나 스테이플러로 전선을 고정하지 않아야 합니다. 바닥이나 문을 통과하는 전선은 손상되지 않도록 반드시 보호조치가 되어야 합니다. 스파크(방전으로 인한 불꽃)를 막기 위해서는 전기기기 사용 후 반드시 플러그를 뽑아 놓아야 하며, 과부하로 인한 전기사고 예방을 위해 콘센트에 여러 개 플러그를 꽂는 문어발식 사용을 하지 않아야 합니다. 발열체를 장시간 켜두는 것은 매우 위험하므로 고장 여부를 수시로 확인하고, 전선과 전선, 단자와 전선 등 접속 부위는 단단히 조여 놓아야 합니다. 소화기를 주출입구 옆 등 눈에 잘 띄는 곳에 배치해야 하며, 퇴실 시 또는 야간에 전원 차단 등 안전점검을 철저히 해야 합니다.

Q3 정답 : ③

해설 : 행정실이나 교무실 등에서는 보조난방기구를 사용하지 않는 것이 좋습니다. 만약 **사용할 경우에는 안전인증(KC마크)을 받은 제품인지 확인하고, 난방기구의 열로 인해 벽지 등 가연성 물질이 발화할 수 있기 때문에 벽에서 20cm 이상 떨어지도록 하여 사용하는 것이 좋습니다.** 그리고 학교가 금연구역으로 지정되어 있더라도 외부인의 담배꽁초로 인해 화재가 발생할 수도 있으므로 학교 주변에 금연구역 안내문을 부착하거나 쓰레기를 관리하여 화재 예방에 주의를 기울여야 합니다. 또한, 학교 관계자 및 교직원, 학생 모두에게 화재 예방 교육을 지속적으로 실시해야 합니다.

Q4 정답 : ①

해설 : 불이 나면 가장 먼저 해야 할 것은 무엇일까요? 소방청에서 실시한 설문조사 결과, 아직도 '119에 신고한다.'라고 생각하는 사람이 많은 것으로 나타났습니다. **초기 진화가 가능하다고 판단되는 상황일 경우에는 다르지만, 그렇지 않은 경우에는 반드시 사전에 파악된 비상계단 등 대피 경로를 따라 화재 현장과 멀어져야 합니다.**

대피 후에는 안전한 곳에서 119에 신고하여 화재 사실을 알리고, 출동하는 소방대가 빠른 조치를 할 수 있도록 화재 관련 정보를 제공하는 역할을 해야 합니다.

Q5 정답 : ① - 녹(초록) ② - 백(흰)

해설 : 소방시설 설치유지 및 안전관리에 관한 법률에 따르면 유도등의 표시면 색상은 피난구 유도등의 경우 녹색 바탕에 백색 문자로, 통로 유도등의 경우 백색 바탕에 녹색 문자를 사용하도록 규정되어 있는데 공통적으로 초록색을 사용합니다.

이는 퍼킨제 효과로서 인간의 망막 시세포 중 깜깜한 장소에서 물체를 보는 데 관여하는 간상세포가 약 50cm의 파장을 가진 녹색을 가장 잘 흡수하여 주위가 어둡거나 연기가 자욱한 화재 상황에도 무난히 식별할 수 있기 때문에 초록색을 사용하는 것입니다.

Q6

정답 : 1. 학생들과 함께 우리 학교 화재 피난 대피도 그리기

2. 피난 안내판 그리기

3. 불이 날 수 있는 곳 표시하기

4. 화재 시 대피하는 방법을 학생들 스스로 생각해보기

해설 : 화재는 발생하지 않도록 예방하는 것이 최우선이지만, 만약의 상황을 대비해 사전에 대피로를 파악해두고 긴박한 상황에서 침착하게 행동할 수 있도록 훈련이 필요합니다. 학생들과 함께 학교나 가정에서 불이 났을 때를 가정해보며 대피도를 직접 그려보고 우리 학교, 우리 집의 유도등, 소화기 등 소방시설을 표시하여 활동해 본다면 학생들이 스스로 화재 대피 방법을 익힐 수 있습니다.

안전 Talk Talk 💬   이재현 소방장 Says

전체 화재 건수 중 학교 화재는 적은 편이지만, 학생이 하루 일과의 대부분을 보내는 학교는 반드시 안전해야 하는 장소입니다. 사고가 발생하지 않도록 무엇보다 화재 예방이 중요하며 학생 및 교직원 모두가 관심을 가지고 소방안전의식을 강화해야 합니다. 나아가 학교 소방안전의식 교육이 사회 안전의식을 성장시키는 원동력이 될 수 있도록 모두의 노력이 필요합니다.

알아두면 쓸모 있는
'학교 내 소방시설'

아니, 이런 사건이?

2019년 9월의 어느 날, A초등학교에서 계단을 지나가던 학생이 갑자기 내려온 방화셔터에 끼어 빠져나오지 못한 사건이 있었습니다. 초등학교의 시설관리자가 숙직실에서 수신기 램프에 불이 깜빡이자 아무런 안전조치를 하지 않은 채 이상 유무를 확인하기 위해 버튼을 눌렀던 것입니다. 이때 갑자기 내려온 셔터에 깔린 학생이 가방과 함께 끼여 빠져나오지 못하고 의식불

명 상태가 된 너무나 안타까운 사고였습니다. 이처럼 소방시설은 시설관리 담당자나 안전관리자가 아니면 자주 사용하지 않기에 관심을 잘 두지 않는 것이 현실입니다.

예방 교육의 필요성

화재 시 안전한 대피를 위한 소방시설인 방화셔터가 작동 방법 숙지 미흡과 안전교육 미실시로 인해 한 학생과 그 가족의 일상을 뒤바꿔 놓은 너무나 안타까운 사건입니다. 코로나19 상황에서 안전교육 및 훈련이 축소되었고, 등교 일수가 줄어들면서 안전에 대해 더 소홀해지고 해이해지기 쉬워진 것이 현실입니다. 따라서 더더욱 자주 사용하지 않기에 소홀해지기 쉬운 소방시설 및 소화기구에 대해 알아두고 숙지해야 합니다.

당신의 안전 상식은 안전합니까? 안전 상식 자가진단

주제 : 방화문과 방화셔터 배점 : 20점 난이도 : ★★☆

 다음은 방화문과 방화셔터에 대한 설명입니다. 적절하지 **않은** 것은 무엇일까요?

① 방화문이나 방화셔터의 역할은 화재가 확산되는 것을 지연시켜 사람들이 대피할 시간을 늘려주는 것이다.

② 방화셔터는 비상문 표시가 된 부분을 성인의 힘 정도로 밀어 문 밖으로 나갈 수 있어야 한다.

③ 방화셔터로 탈출 후 자동으로 닫히는 문의 힘이 강해 손가락이 끼이거나 날카로운 부분에 손상을 입는 안전사고까지 발생할 수 있으므로 특히 주의해야 한다.

④ 방화문은 아이들의 원활한 통행을 위해 평소에는 물건을 괴어거나 말발굽

등으로 열어놓는다.

⑤ 방화문을 통해 대피하여야 할 때 문이나 손잡이가 뜨거우면 반대편에 강한 열기가 있다는 것이므로 문을 열지 말고 다른 길을 찾아야 한다.

주제 : 옥내소화전 사용 방법 배점 : 20점 난이도 : ★★☆

 다음은 옥내소화전 사용 방법을 순서 없이 나열한 것입니다. 순서대로 나열해 보세요.

> ⊙ 옥내소화전함의 문을 열어 노즐과 호스를 꺼낸다. 한 사람은 호스의 접힌 부분을 펴고, 다른 사람은 화점 근처에 가서 물 뿌릴 준비를 한다.
>
> ⓛ 노즐을 불이 난 쪽을 향하게 하여 골고루 물을 쏜다. 여유 인원이 있으면, 방수 시 압력이 강할 경우 뒤로 넘어지는 등 안전사고가 발생할 수 있으므로 호스를 잡은 사람 뒤에서 같이 잡아준다.
>
> ⓒ 옥내소화전함 위 화재경보벨을 눌러 화재 사실을 알린다.
>
> ⓔ 옥내소화전을 사용 후에는 호스에 남아 있는 물을 빼주고 잘 건조시킨 후에 바로 사용할 수 있도록 처음 상태(아코디언 식)로 정리해 놓는다.
>
> ⓜ 호스를 단단히 잡아 방수 준비가 되면 소화전 앞에 있는 사람에게 신호를 보내 소화전함의 개폐 밸브를 시계 반대 방향으로 돌린다.

주제 : 완강기의 개념과 구성품 배점 : 25점 난이도 : ★★★

 다음은 완강기에 대한 설명입니다. ①~⑤에 들어갈 단어는 각각 무엇일까요? (각 5점)

> 화재가 발생했을 때 아래층이나 옥상으로 대피할 수 없는 경우에는 각 층 내부에 설치된 피난 기구인 완강기를 이용하여 대피할 수 있다. 완강기는 사용하는 사람의 하중에 의해 내려오고 속도조절장치가 있어 안전하게 높은 곳에서 대피할 수 있는 피난 기구이다. 완강기에는 ① (ㅈㅈㄷ)와 완강기 보관함이 있고, 보관함 안에는 ② (ㅅㄷㅈㅈㄱ), 완강기 ③ (ㄱㄹ), ④ (ㄹㅍ), ⑤ (ㅂㅌ) 등이 들어 있다.

Q4 다음은 완강기 사용 방법에 대한 설명입니다. 적절하지 **않은** 것은 무엇일까요?

① 지지대를 확인하고 완강기 보관함을 찾아 구성품을 꺼낸다.

② 지지대에 완강기 고리를 건다. 고리를 걸 때는 반드시 후크를 돌려 잠가야 하며, 그 후 지지대를 창밖으로 밀어 로프가 감겨 있는 릴을 창밖 아래를 확인 후 던진다.

③ 완강기의 벨트를 가슴 높이까지 걸고 조인다. 착용할 때 벨트를 겨드랑이 부분 가슴 부위까지 올리고 조임 부분을 몸쪽에 충분한 여유를 두고 조인다.

④ 창밖으로 나와 벽면을 타고 내려간다. 양팔을 벌려 벨트가 빠지지 않도록 하며, 손과 발은 벽에 부딪히지 않도록 짚어가며 안전하게 내려온다.

Q5 다음은 소화기에 대한 설명입니다. 설명을 읽고 보기에 해당하는 소화기를 찾아 써 보세요. (각 5점)

<보기>

분말 소화기, K급 소화기, 스프레이형 소화기

---

1. 불에 잘 타지 않는 기체의 고압가스를 이용해 분말을 뿌리는 소화기로 A, B, C 화재 모두에 사용할 수 있다.

(   )

2. 주로 주방에서 사용하며, 동식물 유류(식용유 등)로 인해 발생되는 화재 시 유막을 형성시켜 유류의 온도를 낮추고 산소 공급을 차단해주는 소화기로 음식점이나 주방 화재 진화에 적합하다.

(   )

3. 작고 가벼워 화재 초기에 어린이부터 노약자까지 빠르게 대응할 수 있게 만든 간편한 소화기이다.

(   )

Q6 다음은 소화기 사용 방법에 대한 설명입니다. 적절하지 **않은** 것은 무엇일까요?

① 소화기를 사용하기 전에 내가 대피할 대피로를 확보해야 한다.

② 실외에서는 바람을 등지고, 실내에서는 출입구를 등지며, 초기 소화가 실패할 경우 대피할 수 있게 해야 한다.

③ 안전핀은 소화기의 손잡이를 잡고 뽑아야 한다.

④ 소화기 노즐을 놓지 않고 잘 잡아 화재가 난 곳을 향해 골고루 분무해야 한다.

뒷장의 정답을 보고 자신의 안전 상식 점수를 확인해 보세요. 틀린 문항에 재도전하여 놓치고 있던 안전 상식을 꼭! 기억하기 바랍니다.

> **나의 안전 상식 점수**
>
> / 100점

Q1

정답 : ④

해설 : 학교에서는 학생들의 원활한 통행을 위해 방화문을 열어 놓는 경우가 있습니다. 그러나 혹시 모를 사고에 큰 인명 피해가 발생할 수 있다는 점을 생각하고 방화문을 닫아 놓아야 합니다.

방화문에 말발굽을 설치하여 고정해 열어 놓는다거나 방화셔터가 작동하는 곳에 물건을 비치할 경우 화재 발생 시 물건에 걸려 정상 작동할 수 없기 때문에 하지 말아야 합니다. 화재가 발생하여 대피할 경우 방화문은 열과 연기의 통로가 될 수 있기 때문에 통과 후 즉시 닫아야 합니다.

방화셔터를 통해 지나가야 할 경우에는 셔터에 표시된 비상문을 성인의 힘 정도로 열어 대피하고, 대피할 때에는 문에 날카로운 부분이 있거나 자동으로 닫히는 경우가 있기 때문에 안전사고에 주의해야 합니다.

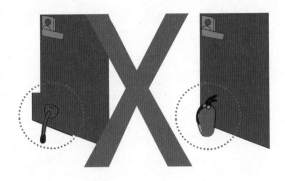

Q2

정답 : ㉣ - ㉠ - ㉢ - ㉡ - ㉤

💡 추가 꿀팁 정보

대부분 초기 소화 시 소화기를 가장 많이 떠올리지만, 옥내소화전이 설치되어 있는 학교의 경우, 인원이 2명 이상 있고 근처에 옥내소화전이 있다면 분사 시간이 짧은 소화기보다 유용하게 사용할 수 있습니다. 옥내소화전이란 건물에 화재가 발생하는 경우 소화기처럼 초기 소화가 가능하도록 건물 내부에 설치하는 정식 물 소화설비를 말하며, 수조와 배관 등으로 연결되어 있습니다.

소화전함 내부에는 개폐 밸브와 호스, 노즐 등이 있고, 특히 소화전함 호스는 아코디언 형태로 적재되어 있어서 긴급한 상황에도 호스가 꼬이지 않아 보다 신속하게 사용할 수 있습니다. 학교에는 대부분 설치되어 있기 때문에 비상시에 즉시 사용할 수 있도록 학생이나 선생님 모두가 관심 있게 위치나 구성을 확인하고, 안전 훈련 시에 직접 사용해본다면 소화기처럼 어렵지 않게 사용할 수 있습니다.

 Q3

정답 : ① 지지대 ② 속도조절기 ③ 고리 ④ 로프 ⑤ 벨트

💡 **추가 꿀팁 정보**

지상으로 직접 통하는 피난층, 2층, 11층 이상을 제외하고 모든 층에는 피난 기구인 완강기, 구조대, 피난사다리 등을 설치하도록 되어 있습니다. 따라서 10층 이하의 건물에 완강기가 설치되어 있으면 화재 또는 긴급한 상황이 발생했을 때 사용자의 몸무게에 따라 일정 속도로 지상까지 내려올 수 있고 교대하여 연속적으로 사용할 수 있습니다.

완강기의 구성은 지지대와 속도조절기, 연결고리, 로프, 가슴 벨트로 되어 있습니다. 지지대가 단단히 고정되어야 사람의 몸무게를 지탱해주면서 안전하게 내려올 수 있기 때문에 완강기 사용 전 반드시 지지대를 움직여 보고 흔들린다면 절대 타서는 안 된다는 것을 기억해야 합니다.

 Q4

정답 : ③

해설 : **완강기 벨트를 착용할 때 가슴 높이까지 걸어 조이고, 겨드랑이 밑으로 꼭 맞도록 끼웁니다. 가슴벨트가 빠지지 않도록 자신의 가슴 둘레만큼 충분히 조입니다.** 양팔을 위로 올리면 벨트가 빠져서 추락

위험이 있기 때문에 절대 팔을 올리지 않고 양팔을 벌린 자세로 하강해야 합니다. 또한, 위급상황 시에만 피난 기구로 사용하는 것인 만큼 체험하기 위해 정해진 곳이 아니라면 사용하지 않아야 합니다.

> 💡 **추가 꿀팁 정보**
>
> 소방법에 따라 완강기를 의무적으로 설치해 놓은 곳이 많습니다. 완강기는 앵커볼트를 사용하여 단단히 고정해야 사람의 몸무게를 지탱할 수 있는데, 일반 볼트로 고정하는 곳이 있으므로 완강기를 사용하기 전에 반드시 확인해야 합니다. 또한, 제품별로 사용하중의 차이가 있을 수 있으므로 사전에 점검하고, 하강 시에는 장애물이 있는지 확인합니다.

Q5

정답 : 1. 분말 소화기 2. K급 소화기 3. 스프레이형 소화기

해설 : 우리가 흔히 주변에서 볼 수 있는 소화기는 축압식 분말 소화기로 용기 안에 질소나 이산화탄소 등 불에 잘 타지 않는 기체의 고압가스를 이용해 소화 약품인 탄산수소나트륨 분말이나 제1인산암모늄 분말을 뿌리는 소화기입니다. 가격이 저렴하며 나무, 종이 등 일반화재, 알코올 등의 유류화재, 전기화재 모두에 사용할 수 있고, 사용 후 분말이 남는 단점이 있지만 일반적으로 많이 사용됩니다.

'kitchen(주방)'의 앞글자를 딴 K급 소화기는 주방에서 사용하는 소화기로 음식점이나 주방 화재 진화에 적합합니다. 크고 무거워 어린이들이나 노약자가 사용하기 어려울 수 있는 단점을 보완한 스프레이 형태의 소화기도 있습니다.

Q6

정답 : ③

해설 : 화재 발생 시 많이 놀라고 당황하여 사전에 소화기 사용법을 익혔더라도 안전핀을 뽑지 못하는 경우가 발생합니다. 따라서 **안전핀을 뽑을 때는 손잡이를 잡은 채 뽑지 말고 소화기의 몸통을 잡고 뽑는다고 기억해야 합니다.**

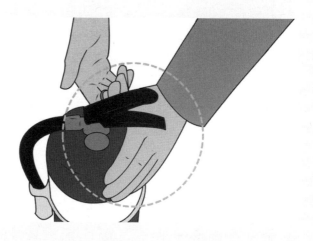

화재사고는 사전에 철저히 대비하여 예방하는 것이 무엇보다 중요합니다. 만약의 상황을 대비하여 학교마다 자체 실정에 맞도록 자위소방대의 소화, 통보, 대피 유도, 응급조치 등 세부 활동 내역을 구분하여 평소에도 잘 숙지해야 하고, 대피 유도를 위한 구체적 임무 분담도 마련해야 합니다. 교내 안전 훈련 시 실제 상황을 가정해 학생 및 교직원 모두가 동참하여 형식적이 아닌 내실 있는 교육과 훈련이 되어야 합니다.

아는 만큼 안전한
'물놀이 안전'

아니, 이런 사건이?

날씨가 무더워지는 여름철이면 무더위를 잊게 해 주는 시원하고 재밌는 물놀이에 어른부터 아이들까지 모두 신이 납니다. 그러나 이렇게 우리를 즐겁게 해 주는 물놀이가 자칫 잘못하면 한순간에 우리의 목숨을 잃게 할 수도 있습니다. 부산의 한 호텔 실내 수영장에서 놀던 한 초등학생이 왼쪽 팔이 수영장 철제 계단에 낀 채로 물속에 잠겨 의식을 잃었고, 100일이 넘게 의식불명

상태에 있다가 사망한 사건이 있었습니다. 물놀이장뿐만 아니라 넓은 바다인 해수욕장에서도 너울성 파도에 휩쓸린 아이와 이를 구조하려던 여성 모두 사망하는 충격적인 사건도 있었습니다. 매년 찾아오는 물놀이 사고, 더 안전하고 즐겁게 시원한 여름을 보내기 위해 우리는 어떤 노력을 해야 할까요?

예방 교육의 필요성

이상 고온 현상으로 점점 더 무더위가 기승을 부리는 여름철, 물놀이 안전에 대한 각별한 주의는 매년 반복해서 강조되고 있습니다. 행정안전부에서 조사한 결과에 따르면, 최근 5년간 여름철 물놀이 사고로 숨진 인원은 169명이며, 그중 10대가 37명(21.9%)으로 가장 많았다고 합니다. 이를 통해 보호자나 안전요원의 주의가 필요한 어린이의 사고가 많다는 것을 알 수 있습니다. 반복되는 물놀이 사고 방지를 위해 어린이뿐만 아니라 선생님과 학부모 등 우리 모두의 노력이 필요합니다.

당신의 안전 상식은 안전합니까? 안전 상식 자가진단 ✏️

주제 : 물놀이 사고 통계 배점 : 20점 난이도 : ★★☆

다음은 물놀이 사고 통계에 대한 설명입니다. 적절하지 <u>않은</u> 것은 무엇일까요?

① 남자아이가 여자아이보다 익수 사고로 내원하는 경우가 더 많다.
② 10~15세의 청소년들의 익수 사고 비율이 가장 높다.
③ 겨울보다는 여름이, 주중보다는 주말에 익수 사고가 많이 발생한다.
④ 대부분 바다와 강 등 야외에서 발생하고, 그다음으로 온천, 스파, 수영장 등 실내 시설에서 많이 발생한다.
⑤ 익수 사고로 병원 이송 후에는 귀가 조치보다 입원하는 경우가 더 많다.

다음은 각 물놀이 장소의 위험성에 대한 설명입니다. 적절하지 **않은** 것은 무엇일까요?

① 바닷가 : 파도가 높아 육지에서 멀어질 수 있고 튜브가 뒤집어 질 수도 있으므로 반드시 어른과 함께 물놀이를 해야 한다. 특히, 너울성 파도는 저기압이나 태풍 등 기상 현상에 의해 해면이 상승해 만들어지는 큰 물결로, 바람으로 만들어지는 일반 파도와 달리 바람이 불지 않아도 큰 파도가 발생한다.

② 바닷가 : 깊은 바다에선 파도가 크지 않아도 일단 밀려오면 해변 가까이에서는 엄청나게 크게 증폭되나 쉽게 눈에 띄지 않기 때문에 더욱 주의를 기울여야 한다.

③ 워터파크 : 물 깊이가 일정하고 어린이들에게 안전하게 만들어진 시설물이라 위험하지 않아 보호구는 필요 없지만, 여러 수상 놀이 기구가 있으므로 안전요원의 지시를 따르고 절대 뛰어다니지 않아야 한다.

④ 계곡 : 물 깊이가 일정하지 않으며 각가지 크기의 돌에 이끼가 끼어 있어 미끄럽고, 날카로운 곳에 발을 다칠 수 있으므로 잠금장치가 있고 발을 보호할 수 있는 신발을 신어야 한다.

 다음은 어린이의 물놀이 안전수칙에 대한 설명입니다. 다음 중 적절하지 **않은** 것을 모두 고르세요.

ㄱ 물놀이를 할 때는 반드시 어른과 같이 물에 들어간다. (어른이 없을 경우 혼자 들어가지 않는다.)

ㄴ 물놀이를 할 때는 반드시 생명줄까지 착용하여 바른 방법으로 구명조끼를 입는다.

ㄷ 물에 들어가기 전 충분한 준비 운동을 한다.

ㄹ 물에 들어가기 전 심장에서 가까운 곳부터 물을 적신다.

ㅁ 식사를 한 후 바로 물에 들어가지 않는다.

ㅂ 물놀이를 하면 당분이 떨어질 수 있기 때문에 사탕 또는 껌 등을 준비하는 것도 좋다.

ㅅ 반드시 정해진 곳에서만 물놀이를 한다.

다음은 자신이 물에 빠졌을 때의 대처 방법에 대한 설명입니다. 괄호 안의 알맞은 단어는 무엇일까요?

물에 빠지는 상황이 일어나지 않도록 하는 것이 최선의 방법이지만, 혹시나 강이나 바다에 내가 빠졌다면 어떻게 해야 하는지에 대해서도 생각해 봐야 한다. 현재 초등학교 교과과정에서도 물에 빠지면 할 수 있는 대처 방법으로 (ㅅㅈ ㅅㅇ)을 교육하고 있다. 아이는 물론 어른들도 물에 빠지는 갑작스러운 상황이 닥치면 당황하여 팔, 다리를 휘두르며 허우적거려 물에 더 깊이 들어가거나 물을 많이 먹어 호흡이 어려워지고 정신을 잃을 수 있다. 따라서 당황하지 않고 침착하게 몸부림을 최소화하며 평소 익혀둔 (ㅅㅈ ㅅㅇ)을 실행하여 소중한 자신의 생명을 스스로 지킬 수 있어야 한다.

다음은 다른 사람이 물에 빠졌을 때의 대처 방법에 대한 설명입니다. 적절하지 **않은** 것은 무엇일까요?

① 익수 환자의 예후에 있어 가장 중요한 것은 저산소증의 지속 시간과 정도이다.

② 다른 사람이 물에 빠졌을 때는 빠르게 구조하는 것이 우선이므로 최대한 빠르게 입수해서 구조를 실시한다.

③ 주변에 부력이 있는 물건이나 장비가 있으면 물에 빠진 익수자에게 던져 주어야 한다.

④ 물놀이 시설이 있는 경우에는 주변에 구명환 등 구조용 장비가 비치되어 있으므로 물놀이 전 주변에 구조 물품이 어디에 위치해 있는지 관찰하고 알아두는 것도 좋다.

⑤ 반응이 없는 환자를 물 바깥으로 이동시켰다면 즉시 구조호흡과 심폐소생술을 시행해야 한다.

Q6 다음은 구명조끼에 대한 설명입니다. A~E에 알맞은 단어를 아래에서 골라 넣으세요. (각 5점)

생명줄, 가슴단추, 부력, 가슴조임줄, 권장 체중

물놀이 안전사고를 예방하는 가장 확실한 방법으로 구명조끼를 올바르게 착용하는 것을 빼놓을 수 없다. 구명조끼마다 (A)이 정해져 있는데, 이 (A)은 사람의 상체만 수면 위로 떠오르게 할 정도의 (A)이다. 만약 구명조끼의 (B)보다 본인의 체중이 무거운 경우 상체가 더 깊이 가라앉아 사고 시 익사 위험이 있다. 그러므로 구명조끼 대여 및 구매 시 반드시 체중의 범위를 확인해야 한다. 구명조끼 착용 방법은 다음과 같다.

1. 몸과 몸무게에 맞는 구명조끼를 선택한다.
2. 구명조끼를 몸에 걸친다.
3. (C)를 채운다.
4. (D)을 몸을 맞게 줄인다.
5. 다리 사이로 (E)을 빼 연결한다.

뒷장의 정답을 보고 자신의 안전 상식 점수를 확인해 보세요. 틀린 문항에 재도전하여 놓치고 있던 안전 상식을 꼭! 기억하기 바랍니다.

나의 안전 상식 점수

/ 100점

Q1 정답 : ②

해설 : 질병관리본부에서 최근 4년 동안 응급실에 익수 사고로 내원한 환자 사례를 조사한 결과, 만 9세 이하의 어린이가 약 30%의 높은 비중을 차지한 것으로 나타났습니다. 이렇게 보호자의 지도가 필요한 어린이의 위험도가 가장 높다는 결과를 볼 때 누구에게나 신나고 재미있는 물놀이가 되려면 어린이와 청소년들의 안전교육뿐만 아니라 어른들의 주의 관찰 또한 중요하다는 것을 알 수 있습니다.

Q2 정답 : ③

해설 : 워터파크는 물 깊이가 다양하고 여러 가지 시설물이 많아 안전사고 위험성이 높기 때문에 뛰지 않아야 합니다. 또한, 내부에 음식 섭취가 가능한 곳도 있어서 구명조끼를 입고 벗는 경우가 발생할 수 있는데, **반드시 식사 시간 외에는 구명조끼를 착용해야 합니다.** 특히, 수심이 깊은 풀장에는 구명조끼를 올바르게 착용했는지 다시 한번 확인하고 들어가야 합니다.

💡 **추가 꿀팁 정보**

너울성 파도는 바람으로 만들어지는 일반 파도와 다르게 바람이 불지 않는 날씨에도 눈에 띄지 않고 큰 파도가 발생할 수 있기 때문에 수심이 얕은 바다일지라도 각별히 주의해야 합니다.

Q3 정답 : ㄹ, ㅂ

해설 : 물에 들어가기 전, 몸에 열을 발산시키기 위해 충분한 운동을 하고, 심장에 무리가 가지 않도록 **심장에서 먼 곳부터 물을 적셔야 합니**

다. 식사 후에 바로 입수할 경우에는 소화 장애가 발생할 수 있기 때문에 식후 30~40분 정도 소화가 진행된 후에 들어가는 것이 좋습니다. **사탕이나 껌을 먹으며 물놀이를 하면 목에 걸려 기도폐쇄로 인한 호흡 곤란 등이 발생할 수도 있기 때문에 다 먹은 후에 들어가도록 합니다.** 수영을 배워 잘한다 할지라도 반드시 어른과 함께 들어갈 수 있도록 하고, 올바르게 구명조끼를 착용할 수 있도록 지도해야 합니다.

💡 **추가 꿀팁 정보**

다음은 어른들의 물놀이 안전수칙입니다.

1. 물놀이를 할 때는 반드시 자녀와 함께 물에 들어가 심각한 위험에 빠지거나 물놀이 중 마주칠 수 있는 위험 상황에서 빠르게 대처한다.
2. 물가 근처에 자녀를 혼자 두거나 형제끼리 남기고 자리를 비우지 말아야 한다.
3. 물놀이를 할 때 자녀 체중에 맞고 인증을 받은 구명조끼를 올바른 방법으로 입힌다.
4. 물속에 들어가기 전 준비 운동을 하도록 지도한다.
5. 물놀이 30분 후에는 반드시 휴식을 취하도록 지도한다.

Q4

정답 : 생존 수영

해설 : 생존 수영은 초등학교 교과과정에도 포함되어 있고, 해수욕장에서 생존 수영법으로 버텨 무사히 구조된 사례가 실제로 있는 만큼 그 중요성은 더욱 강조되고 있습니다. 생존 수영은 말 그대로 예기치 못하게 바다 등에서 표류하게 됐을 때 생존의 시간을 늘려줄 수 있는 방법입니다. 어렵지 않아서 수영을 배우지 않은 사람도 물에 대한 두려움을 극복할 수 있을 뿐만 아니라 실제로 위험 상황에서 당황하지 않고 침착하게만 행동한다면 최적의 생존 방법이 될 수 있습니다.

Q5

정답 : ②

해설 : 물에 누군가가 빠진 것을 목격하였을 때 몸이 먼저 반응하여 아무런 준비 없이 다급한 마음에 입수할 경우, 물에 빠진 사람과 구조자 자신까지 모두 위험해지는 상황이 생길 수 있기 때문에 **반드시 먼저 119에 신고를 하고 함부로 구조하러 들어가지 않아야 합니다.**

또한, 사전에 주변의 구명환 등 구조용 장비 위치를 미리 확인해 두고 적극 활용할 수 있어야 합니다.

Q6

정답 : A - 부력 B - 권장 체중 C - 가슴단추 D - 가슴조임줄 E - 생명줄

해설 : 물놀이 안전사고를 예방하는 가장 확실한 방법은 바로 구명조끼를 올바르게 착용하는 것입니다. 구명조끼마다 부력이 정해져 있는데, 이 부력에 따른 권장 체중은 사람의 상체만 수면 위로 떠오르게 할 정도입니다.

따라서 구명조끼의 권장 체중보다 본인의 체중이 더 무거울 경우 상체가 더 깊이 가라앉아 사고 시 익사 위험이 있기 때문에 구명조끼를 대여하거나 구매할 때 반드시 체중의 범위를 확인해야 합니다.

안전 Talk Talk 💬   이재현 소방장 Says

실제로 현장에서 익수 사고를 경험해본 바에 의하면 어린이의 안전에 대한 지도 및 교육도 반드시 필요하고 중요하지만, 어른들의 안일한 대처도 문제가 있음을 알 수 있었습니다.

물놀이 시설에서 구명조끼를 입지 않은 어린이들이 있습니다. 또한, 입었더라도 생명줄은 착용하지 않는 등 옳지 않은 방법으로 구명조끼를 착용하여 위험한 상황 시에 구명조끼의 기능을 다 하지 못하는 경우가 발생하기도 합니다. 여전히 여름철이면 발생하는 물놀이 사고를 예방하기 위해서는 어린이들의 안전수칙 준수 및 어른들의 지속적 관심과 지도가 반드시 함께 이루어져야 합니다.

'Wheel So Good'
바퀴 달린 '탈것 안전'

아니, 이런 사건이?

　A초등학교 앞 도로에서 보행자 신호였던 횡단보도에 킥보드를 타고 건너던 초등학생이 승용차와 충돌하는 사고가 있었습니다. 경기도의 한 아파트 단지 내에서 초등학생이 자전거를 타다 주민이 몰던 자동차에 치어 숨지는 비극적인 일도 있었습니다. '집 앞이니까 괜찮아~. 우리 학교 앞인 걸 뭐~.'라는 식으로 안전에 안이한 학생들에게 어떻게 안전교육을 해야 할까요?

예방 교육의 필요성

최근 킥보드 등 승용 스포츠 제품이 다양화되면서 어린이 안전사고가 많이 발생하고 있습니다. 어린이들은 등하교 시 자전거나 롤러스케이트, 킥보드 등을 이용하거나 아파트, 집 주변 등 정해진 장소가 아닌 곳에서 타는 경우가 많습니다. 따라서 학교에서의 지속적인 안전교육을 통해 어린이들의 안전의식이 생활화될 수 있도록 지도해야 할 필요가 있습니다.

당신의 안전 상식은 안전합니까? 안전 상식 자가진단

주제 : 탈것 안전사고 통계 배점 : 10점 난이도 : ★☆☆

Q1 다음은 한국소비자원이 조사한 최근 5년간(2015~2019년) 승용 스포츠 제품 관련 만 14세 이하 어린이의 안전사고에 대한 **통계**입니다. 적절하지 **않은** 것은 무엇일까요?

① 바퀴가 달린 탈것 중 최근 5년간 가장 많이 발생한 3개 품목은 자전거, 킥보드, 롤러스케이트였다.
② 자전거 사고는 5년간 4.6배가 증가해 가장 높은 증가율을 보였다.
③ 자전거나 롤러스케이트를 타다 미끄러지거나 넘어지는 사고가 가장 많았다.
④ 자전거와 킥보드의 경우 머리와 얼굴의 피부가 찢어지는 열상을 입은 사례가 많았다.
⑤ 롤러스케이트나 스케이트보드는 골절상을 입는 경우가 많았다.

주제 : 탈것의 종류 및 사고 유형 배점 : 10점 난이도 : ★☆☆

Q2 다음은 탈것의 종류 및 사고 유형에 대한 설명입니다. 각 빈칸에 알맞은 말은 무엇일까요? (각 5점)

1. 탈것의 종류 : 자전거, 인라인스케이트, 스케이트보드, 바퀴 달린 운

동화, 나인봇, 전동킥보드, 전동휠, 미니휠

2. 사고 유형

① (ㅈㅂ ㅈㄱ) 미실시 : 어린이들이 자전거나 킥보드 등을 타기 전에 브레이크나 바퀴의 상태 등 (ㅈㅂ ㅈㄱ)을 실시하지 않아 브레이크 파손, 체인 및 바퀴 손상 등으로 사고 발생

② (ㅇㅈ ㅈㄱ) 미착용 : 도로교통법 제50조에 의거하여 이륜자동차인 자전거는 반드시 안전모를 쓰도록 의무사항으로 되어 있으나 어린이들의 경우 미착용 사례를 흔히 목격할 수 있음

③ 위험한 장소에서 타기 : 지하주차장, 골목길, 인도 등 정해진 장소가 아닌 곳에서 탈 경우

④ 이어폰, 핸드폰 등을 사용하며 타기 : 볼륨을 높여 음악을 듣거나 핸드폰을 보며 주변을 살피지 않고 탈 경우

주제 : 자전거 타기 전 장비 점검 방법 배점 : 30점 난이도 : ★★★

다음은 자전거를 타기 전 장비를 점검하는 방법입니다. 빈칸에 들어갈 알맞은 **영어 단어**는 각각 무엇일까요? (앞에 쓰여 있는 철자로 시작합니다.) (각 10점)

- A (   ) : 자전거 타이어의 공기압 상태를 점검한다. 타이어의 공기는 시간이 지날수록 빠지기 때문에 주기적으로 체크해 적절한 공기를 주입해야 한다. 공기압이 너무 적으면 펑크가 나기 쉬우며 속도도 느려지고 힘이 든다. 양 손가락을 이용하여 타이어의 단단한 정도를 측정하는데, 타이어를 만졌을 때 단단한 느낌이 들어야 한다. 안장에 앉았을 때 타이어와 지면과의 접촉 면적이 7~10cm 정도 생기면 공기압이 적당하다.

- B (   ) : 자전거를 거치대에 올려놓고 바퀴를 돌려보면서 점검한다. 앞, 뒤 브레이크를 하나씩 잡아보면서 브레이크가 제대로 잡히는지, 잡힐 때 소음이 나지 않는지 등에 대해서 점검한다. 브레이크를 잡을 때 소음이 나면 브레이크의 패드가 과다하게 마모되었거나 윤활유 등의 오염물질이 끼어 있을 수 있다. 그런 경우에는 브레이크 성능에 크게 문제가 발생할 수 있다.

- C (   ) : 체인의 늘어짐, 마모, 부식 여부를 확인한다. 페달을 돌

려 체인이 부드럽게 움직이는지 확인한다. 체인의 움직임이 부드럽
지 않으면 체인을 잘 닦고 기름칠을 충분히 한 다음 뻑뻑한 부분은
좌우로 비틀어 준다.

주제 : 안전모 착용법 배점 : 15점 난이도 : ★★☆

 다음은 안전모 착용법에 대한 설명입니다. ㉠~㉢에 들어갈 알맞은 **숫자**는
무엇일까요? (각 5점)

안전모 ㉠-㉡-㉢ 법칙

- ㉠ 법칙 : 눈썹 위에 손가락 ㉠개가 들어갈 공간만 남기고 이마가 덮
  이도록 착용한다.
- ㉡ 법칙 : 귀 아래에서 V자 모양을 만들어 손가락과 안전모의 끈이
  포개지도록 한다.
- ㉢ 법칙 : 버클이 '딱' 소리가 나도록 잠근 뒤, 손가락 ㉢개가 들어갈
  정도의 공간만 남기고 끈을 잘 조여 준다.

주제 : 보행 중 스마트폰 사용의 위험성 배점 : 15점 난이도 : ★★☆

 다음 글에 설명된 보행 중 스마트폰 사용의 위험성을 풍자하는 신조어는
무엇일까요?

스마트폰이 대중화되면서 스마트폰 화면을 들여다보느라 거리에서
고개를 숙이고 걷는 사람을 넋 빠진 시체 걸음걸이에 빗대어 일컫는
말이며, '스마트폰(smartphone)'과 좀비(zombie)'를 합성한 신조어
이다.
이 말은 2015년 독일에서 처음 사용되었으며, 스마트폰에 지나치게 매
인 세태를 풍자했다. 실제로 요즘 길거리에서는 스마트폰을 보면서
걸어 다니는 이들을 적지 않게 볼 수 있다.

PART 04

Q6 다음은 바퀴 달린 탈것을 타고 가다 사고 발생 시 학생들이 쉽게 기억할 수 있도록 만든 '고! 고! 쉬! 시! 고!'(가다가~ 가다가~ 쉬었다 간다) 응급처치법에 대한 설명입니다. ①~④의 각 빈칸에 알맞은 말은 무엇일까요?
(각 5점)

[고. 고. 쉬. 시. 고.]

1) 응급처치법 : 피부가 긁히거나 찢어졌을 때 [고. 고.]
   고 : (①)고 - 흐르는 물에 상처 부위를 (①)는다.
   고 : (②)고 - 피가 나는 상처 부위를 깨끗한 천으로 (②)고 지혈
        한다.
2) 응급처치법 : 접질리거나 부러졌을 때 [쉬. 시. 고.]
   쉬 : 쉬고   - 활동을 줄이고 안전한 곳에서 휴식을 취한다.
   시 : (③)하게 - 통증 및 부종 감소를 위해 (③)한 찜질을 한다.
   고 : (④)하기 - 최대한 움직이지 않게 (④)한다.

뒷장의 정답을 보고 자신의 안전 상식 점수를 확인해 보세요. 틀린 문항에 재도전하여 놓치고 있던 안전 상식을 꼭! 기억하기 바랍니다.

나의 안전 상식 점수

/ 100점

Q1 정답 : ②

해설 : 한국소비자원에서 조사한 통계를 보면 많은 사고가 발생한 승용 스포츠 품목 중에 킥보드 사고가 5년간 5배 가까이 발생해 가장 높은 증가율을 보이고 있어 위험성이 대두되고 있습니다.

Q2 정답 : 장비 점검, 안전 장구

해설 : 기술이 발달함에 따라 전동킥보드, 미니휠 등 다양한 종류의 탈것을 볼 수 있습니다. 그런데 타기 전에 탈 장비에 대해서 이상이 있는지 없는지 점검을 하지 않거나 반드시 착용해야 하는 헬멧 등의 안전 장구를 착용하지 않아 큰 사고로 이어지고 있습니다. 바퀴가 달린 탈것은 점점 다양해지고 있기 때문에 학생들이 알기 쉽고 기억하기 쉽도록 반복적으로 교육하는 것이 필요합니다.

Q3 정답 : Air, Brake, Chain

해설 : 어린이부터 성인까지 자전거를 타러 나가기 전에 ABC 방법을 기억하고 점검한다면 좀 더 안전하게 탈 수 있습니다.

💡 추가 꿀팁 정보

사고율이 높은 킥보드의 경우에도 핸들의 흔들림은 없는지 쉽게 빠지지는 않는지 점검하고, 브레이크도 이물질이 끼어 있진 않은지, 제동이 잘 되는지 확인해야 합니다. 인라인스케이트는 여러 개의 바퀴가 함께 돌아가기 때문에 바퀴가 흔들리거나 느슨한 곳은 없는지 점검해야 합니다.

Q4

정답 : ㉠ 2, ㉡ 4, ㉢ 1

해설 : 안전사고 시 머리를 보호하기 위한 헬멧은 알맞게 착용하는 법부터 알아야 합니다. 개인별 두상의 모양 등에 차이가 있기 때문에 안전모 '2, 4, 1' 법칙을 기억하면 좀 더 알맞게 착용하여 안전하게 탈 수 있습니다. 첫 번째 2는 눈썹 위에 손가락 2개가 들어갈 공간만 남기고 이마가 덮이도록 착용하고, 4는 귀 아래에서 V자 모양을 만들어 끈을 꼬이지 않게 바르게 합니다. 마지막 1은 버클이 '딱' 소리가 나도록 잠근 뒤, 손가락 1개가 들어갈 정도의 공간만 남기고 끈을 잘 조여 주어 알맞게 착용하면 됩니다.

Q5

정답 : 스몸비(smombie)

해설 : 요즘 스마트폰 없는 생활이 어려울 정도로 스마트폰은 우리 일상 속에 필수품이 되어 가고 있는 현실입니다. 그런데 스마트폰 사용 연령이 점점 낮아지고, 걸어다니면서 게임을 하거나 영상을 보는 어린이 스몸비가 많아지고 있습니다. 이런 어린이들은 차량 충돌이나 각종 안전사고 위험에 더욱 노출되고 있기 때문에 올바르게 스마트폰

을 사용할 수 있도록 지속적인 지도가 필요합니다.

Q6 정답 : ① 씻 ② 누르 ③ 시원 ④ 고정

해설 : '고고쉬시고'는 어린이들이 쉽게 기억할 수 있도록 만든 응급처치법으로 탈것 사고로 발생할 수 있는 상처 및 골절 상황에 대한 간단한 어린이 응급처치법입니다. 환부를 고정하기 위해 과잉 행동을 하면 더 움직여질 수 있으므로 최대한 움직이지 않도록 잡아주고, 119에 신고하거나 보건 선생님께 말씀드려야 한다고 지도한다면 더욱 좋습니다.

안전 Talk Talk 💬   이재현 소방장 Says

어린이들이 있는 가정이라면 바퀴 달린 어린이 승용 제품인 자전거, 킥보드, 인라인스케이트 등을 대부분 가지고 있지만, 그에 반해 반드시 있어야 할 손목과 무릎보호대, 헬멧 등 보호 장구는 갖추고 있지 않거나 있어도 완전하게 착용하지 않는 경우를 흔히 볼 수 있습니다. 급격히 증가하는 안전사고율을 볼 때 각 가정에서는 자녀들에게 각별히 주의시켜야 하고, 학교에서는 학생들에게 반복적으로 교육해야 할 필요가 있습니다.

학교에서 발생하기 쉬운 증상별 '응급처치' (화상, 상처)

아니, 이런 사건이?

A초등학교 과학실에서 실험을 하던 중 알코올램프가 넘어졌습니다. 그때, 가까이서 지켜보던 학생의 앞머리에 불이 붙기 시작하여 가슴 부위 털옷까지 옮겨 붙었고, 결국 목과 가슴에 화상을 입고 말았습니다. 또한, 집에 있던 한 형제의 호기심에 의한 불장난으로 인해 동생은 사망하고 형은 심각한 화상을 입었던 사건도 있었습니다. 편리하게만 생각하는 불이 한순간에 목숨

을 위협하는 재앙으로 바뀌기도 합니다. 일상생활 중 흔하게 발생할 수 있는 화상과 상처의 응급처치, 어떻게 해야 할까요?

예방 교육의 필요성

화상은 불에 의해서만이 아니라 뜨거운 물이나 수증기 또는 다리미나 전기장판 등 우리 생활 곳곳의 위험 요소에 의해 발생할 수 있습니다. 상처 또한 넘어지거나 부딪혀 출혈이 일어나거나 붓고 멍이 드는 등 흔히 발생할 수 있는 증상이기 때문에 초기 응급처치에 대해 알고 있다면 당황하지 않고 침착하게 대처할 수 있습니다.

당신의 안전 상식은 안전합니까? 안전 상식 자가진단 ✏️

주제 : 학교 내 화상 사고 장소　배점 : 10점　난이도 : ★☆☆

Q1 학교 내 화상 사고의 위험이 항상 존재하는 장소 두 곳은 어디일까요?
(각 5점)

주제 : 화상의 명칭과 증상　배점 : 15점　난이도 : ★★☆

Q2 다음은 화상의 종류에 대한 설명입니다. 각 화상의 명칭과 증상을 바르게 연결하세요. (각 5점)

(1) 1도 화상　●　　　● (ㄱ) 진피 전 층과 피하조직까지 손상되어 하얗고 통증이 없다.

(2) 2도 화상　●　　　● (ㄴ) 피부가 붉고 부어 있으며, 누르면 아프다.

(3) 3도 화상　●　　　● (ㄷ) 피부가 붉고 벗겨지거나 수포가 생긴다.

Q3

다음은 화상의 응급처치 방법에 대한 설명입니다. 적절하지 **않은** 것은 무엇일까요?

① 화상 부위가 땅에 닿거나 오염되지 않게 주의하며, 화상이 발생하자마자 흐르는 찬물(15~25도)을 이용하여 화상 부위를 식혀준다.

② 이동 중이거나 화상 부위에 흐르는 물을 적용하기 어려운 경우에는 찬물에 적신 소독된 거즈를 이용한다.

③ 통증이 없어질 때까지는 화상 부위를 식혀주는 것이 바람직한데 적어도 10분 이상 걸린다. 찬물로 식히는 화상 부위가 넓다면 환자의 체온이 지나치게 떨어지지 않는지 주의해야 하며, 특히 어린이나 노인은 더 체온 저하에 유의해야 한다.

④ 화상 부위를 식힌 뒤에는 깨끗하고 상처에 달라붙지 않는 것으로 덮어준다. 만약 이런 것들이 없으면 소독된 거즈를 무균 생리식염수에 적셔 드레싱을 해준다. 드레싱은 부종이 발생할 수 있으므로 최대한 꽉 조여야 한다.

Q4

다음은 화학 화상의 응급처치 방법에 대한 설명입니다. 적절하지 **않은** 것은 무엇일까요?

① 화학물질에 의한 화상은 피부에 자극과 부식을 유발하여 대부분 심각한 장애를 초래할 수 있기 때문에 병원에 방문하는 것이 중요하다.

② 화학물질을 중화시키기 위해 다른 화학물질을 적용하여 최대한 빠르게 치료해야 한다.

③ 화학 화상의 응급처치는 처치자가 반드시 보호 장비(장갑, 고글 등)를 착용하고 접근하며, 환자를 안전한 곳으로 이동시키고 필요시 환기를 시킨다.

④ 화학물질이 가루와 같은 고형물질 상태라면 물로 세척하기 전에 솔로 털어서 제거하고, 반드시 최대한 빨리 흐르는 물로 충분히 세척한다. 최소 20분 이상 세척하여야 하며, 즉시 세척하는 경우 병원에 도착하여 늦게 세척하는 것보다 전 층 화상의 발생 빈도가 50% 정도 낮아진다.

⑤ 화학물질이 묻어 있을 가능성이 있는 의복을 조심스럽게 제거한다.

Q5 다음은 상처의 명칭에 따른 출혈의 형태에 대한 설명입니다. 각 명칭과 설명을 바르게 연결하세요. (각 5점)

(1) 단순 열상　●

　　　　　　　　● (ㄱ) 둔기 충격이 피부 아래 모세혈관을 손상시켜 출혈이 피부 아래 조직으로 누출되고 이 과정에서 멍이 생긴다.

(2) 복합 열상　●

　　　　　　　　● (ㄴ) 피부의 가장 위층이 긁힌 표면손상이다.

(3) 찰과상　●

　　　　　　　　● (ㄷ) 피부 조직의 일부가 찢어져서 흐늘흐늘하고 신체에 걸쳐 있는 상처이다.

(4) 타박상　●

　　　　　　　　● (ㄹ) 면도칼과 같은 끝이 날카로운 물체로 잘려 깨끗한 표면을 가지며, 혈관이 직각으로 잘려 출혈이 많을 수 있고, 인대 또는 신경 같은 구조물이 손상을 받을 수 있다.

(5) 박리　●

　　　　　　　　● (ㅁ) 둔기 등 힘에 의해 찢어짐이나 열상을 유발하며 다른 열상보다 출혈이 비교적 적을 수 있으나 깊은 조직 손상을 유발할 수 있고 감염의 위험성이 더 높다.

 Q6 다음은 상처의 응급처치 방법에 대한 설명입니다. 적절하지 **않은** 것은 무엇일까요?

① 출혈이 있는 경우 무균거즈나 깨끗한 천으로 1~2분간 압박해보고, 출혈이 멈추면 소독하고 붕대로 압박한다. 1~2분간의 압박에도 출혈이 멈추지 않는다면 5분 동안 더 압박해보고, 심각한 출혈의 경우에는 119에 신고한다.

② 송곳, 연필 등에 찔린 상처의 경우 심각한 손상이 있을 가능성이 많으므로 외부 출혈은 무균거즈나 깨끗한 천으로 상처를 직접 압박하여 지혈하고 119에 신고한다.

③ 절단된 경우 상처 면은 무균거즈나 깨끗한 천으로 외부 출혈이 되지 않게 감싸고, 절단된 신체 일부분은 젖은 무균거즈나 깨끗한 천에 잘 싸서 비닐봉투에 넣는다. 이 비닐봉투를 얼음물 주머니에 다시 넣어 차갑게 유지하여 보관하고 이동한다. 절단된 신체 부분은 차갑게 보관하는 것은 중요하나 조직이 얼지 않도록 주의해야 한다.

④ 열린 상처의 파상풍 예방접종이 필요할 수 있으므로 예방접종력을 확인하는 것이 필요하고, 손상 후 72시간 내에 접종하는 것이 효과적이다.

⑤ 상처에 박히거나 관통된 이물질은 출혈이나 조직 손상을 더 악화시킬 수 있으므로 현장에서 빠르게 제거해야 한다.

뒷장의 정답을 보고 자신의 안전 상식 점수를 확인해 보세요. 틀린 문항에 재도전하여 놓치고 있던 안전 상식을 꼭! 기억하기 바랍니다.

나의 안전 상식 점수

/ 100점

Q1

정답 : 과학실, 조리실(급식실)

해설 : 학교 내 화상 사고도 화재 위험이 높은 곳에서 발생할 가능성이 많습니다. 과학실은 가열기구, 화학약품 등이 많아서 안전사고 발생 가능성이 높고, 학생들의 호기심으로 장난이 심해질 수 있는 곳이어서 화학 화상이 발생할 수 있습니다. 조리실도 음식을 조리하는 곳인 만큼 필히 불을 사용하며, 식용유 등 기름을 사용하는 경우 화재 위험성이 존재합니다. 학교의 과학실이나 조리실 모두 화재 안전을 위해 보다 높은 안전의식과 주의력이 필요합니다.

Q2

정답 : (1)-(ㄴ) (2)-(ㄷ) (3)-(ㄱ)

해설 : 화상은 피부 손상의 깊이에 따라 1도에서 3도까지 구분합니다. 1도는 피부의 가장 바깥쪽인 표피층만 손상되어 피부가 붉어지고 누르면 통증을 느끼고, 2도는 표피 전 층과 진피의 상당 부분이 손상되어 피부가 벗겨지거나 수포가 생깁니다. 가장 심각한 단계인 3도는 표피와 진피 전 층, 피하조직까지 손상되어 통증이 없는 것이 특징입니다. 이렇게 화상은 손상된 피부의 깊이가 깊어질수록 더욱 증상이 심하고 예후가 좋지 않은 경우가 많습니다.

Q3

정답 : ④

해설 : **화상은 부종이 발생할 수 있기 때문에 드레싱 후 고정을 할 때는 느슨하게 하는 것이 좋습니다.**

💡 추가 꿀팁 정보

가벼운 화상은 병원에 방문을 해야 하나 말아야 하나 고민하는 경우가 많지만,

어린이인 경우에는 화상의 범위가 작더라도 병원에 방문해서 치료하는 것이 좋습니다. 성인도 화상의 깊이가 수포를 동반한 부분층 화상 이상인 경우에는 병원에 방문하는 것이 좋습니다. 화상의 정도를 평가하기 어렵더라도 우선 병원에서 의사의 처치를 받고 지시에 따르는 것이 가장 좋은 방법입니다.

Q4

정답 : ②

해설 : **화학 화상 발생 시 즉시 찬물로 20분 이상 세척해주는 것이 좋습니다.** 화학물질에 전문 지식이 없는 경우에는 중화시키기 위해 다른 화학물질을 적용하는 응급처치는 절대 하지 않아야 합니다.

Q5

정답 : (1)-(ㄹ) (2)-(ㅁ) (3)-(ㄴ) (4)-(ㄱ) (5)-(ㄷ)

해설 : 상처들은 대부분 출혈과 함께 발생하는데 혈관 종류에 따라 출혈 양상이 조금씩 다릅니다. 얕은 상처로 인한 출혈은 모세혈관이 손상돼서 초기에 출혈이 많은 듯 보여도 빨리 지혈됩니다. 동맥의 경우에는 몸 깊숙이 있어 찔리거나 뚫리는 등 깊은 손상 시에 발생합니다. 이는 솟아오르는 듯한 양상과 다량의 출혈로 지혈이 제대로 이루어지지 않으면 출혈성 쇼크가 발생해 응급한 상황으로 이어질 수 있기 때문에 직접 압박하여 지혈해야 합니다.

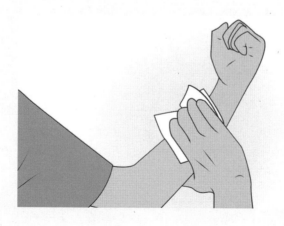

Q6

정답 : ⑤

해설 : 상처에 박혀 있거나 관통된 이물질이 있는 경우에는 이물질을 임의로 제거하면 더 많은 출혈이나 조직 손상으로 악화될 수 있습니다. 이때는 현장에서 제거하지 말고 움직임을 줄일 수 있도록 고정하여 신속히 병원으로 이송하는 것이 중요합니다.

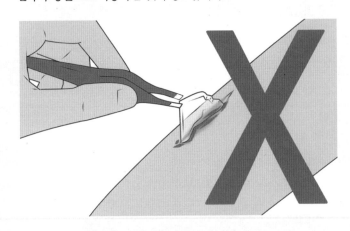

안전 Talk Talk 💬

이재현 소방장 Says

초등학교 내 안전사고가 지속적으로 많이 발생하고 있는 만큼 학생들을 지도하는 선생님들도 증상별로 대처할 수 있는 응급처치 방법을 숙지해야 합니다. 학생뿐만 아니라 각 가정에서도 안전에 유의하며 생활하고, 응급상황 시 대처할 수 있는 자율대처능력을 강화시킬 수 있도록 학생들을 지도해야 합니다.

학교에서 발생하기 쉬운 증상별 '응급처치' (염좌, 골절)

아니, 이런 사건이?

A학교에서는 학생들이 구름다리에서 놀다 떨어져 손목이 골절되고, 원통형 미끄럼틀을 타고 놀다 떨어져 팔이 골절된 사례가 있었습니다. 또 다른 학교에서는 체육시간에 학생들끼리 축구나 농구를 하다 염좌나 골절의 손상을 입는 경우도 있었습니다. 이처럼 발생하기 쉬운 염좌와 골절 사고 시, 당황하지 않고 어떻게 응급처치를 해야 할까요?

예방 교육의 필요성

운동장이나 어린이 놀이시설 등에서 안전사고가 빈번하게 일어나고 있습니다. 언제 어디서든 혹시 모를 갑작스러운 상황에 대비해 염좌 및 골절 사고 응급처치 방법을 알아두어 적절한 대처를 할 수 있어야 합니다.

당신의 안전 상식은 안전합니까? 안전 상식 자가진단

주제 : 어린이 놀이시설 중대사고   배점 : 20점   난이도 : ★★☆

Q1 다음은 어린이 놀이시설 중대사고에 관한 설명입니다. 맞으면 ○, 틀리면 ×로 표기하세요. (각 5점)

1. 주택단지에서 사고 발생률이 가장 높고, 초등학교, 유치원, 도시공원이 그 뒤를 따른다.
   (○ / ×)
2. 학교안전사고 유형 중 '추락'이 발생 비율이 가장 높다.
   (○ / ×)
3. 미취학 아동이 학령기(만7세~14세) 아동보다 안전사고 발생률이 높다.
   (○ / ×)
4. 어린이 놀이시설 중대사고 손상 유형 1위는 염좌 및 골절이다.
   (○ / ×)

주제 : 염좌 및 골절   배점 : 10점   난이도 : ★☆☆

Q2 다음은 염좌 및 골절 대한 설명입니다. 적절하지 **않은** 것은 무엇일까요?

삐임, 염좌는 뼈와 관절 주위의 연조직(인대. 근육, 힘줄)이 여러 기전으로 손상을 받아 관절 부위가 붓고 아픈 증상을 일컫는다. ① **근육은 과신전될 때 긴장이 일어날 수 있고, 이때 뼈의 접합 부위인 근육과 힘줄의 경계에서 부분적 파열이 잘 발생한다.** 체육시간이나 놀이 활동, 쉬는 시간 등 움직임이 많은 활동을 하거나 일상생활 중 갑작스럽게 손목이나 발목 등의 관절 부위가 과신전되면서 많이 발생한다. ② **손가락, 손목, 발목, 무릎 등이 주요 손상 관절 부위이다.**

골절은 손상 부위에서 변형, 부기, 멍, 개방성 열상 또는 상처 등이 관찰되고 통증 또는 움직임의 제한이 있을 수 있으며, 사지의 일부가 짧아져 있을 수 있고 굽어 있거나 뒤틀려 있을 수 있다. 추락, 넘어짐 등으로 많이 발생하고, ③ **소아의 경우 신체가 작기 때문에 외부에서 가해지는 힘이 신체의 많은 부분에 전달되어 다발성 손상이 발생하기 쉽다.** 골절이 있을 경우 뼈끝에서 마찰음이 들리거나 느낄 수 있는데, ④ **이 마찰음을 꼭 확인해서 골절인지 아닌지 빠르게 판단하는 것이 중요하다.** ⑤ **대퇴골이나 골반골 골절이 있는 경우 쇼크의 증상을 보일 수 있고, 다리 골절의 경우 잘 걸을 수 없다.**

주제 : 골절의 종류 배점 : 10점 난이도 : ★☆☆

 Q3 다음은 골절의 종류에 대한 설명입니다. 알맞은 용어는 무엇일까요? (각 5점)

1. (A) 골절 : 뼛조각이나 부러진 뼈끝의 일부가 피부를 뚫고 나왔거나 골절 부위에서 열린 상처를 보일 수 있고, 이럴 경우 감염의 위험성이 높다.

2. (B) 골절 : 골절 부위의 피부는 이상 없으나 뼈가 이탈되어 있을 수 있고, 혈관 손상으로 인한 내부 출혈을 일으켜 쇼크를 유발할 수 있다.

주제 : 개방성 골절 응급처치 방법 배점 : 10점 난이도 : ★☆☆

Q4 다음은 개방성 골절 응급처치 방법에 대한 설명입니다. 적절하지 **않은** 것은 무엇일까요?

① 피부 밖으로 튀어나온 뼈끝을 직접적으로 압박하지 않아야 한다.

② 붕대는 단단히 감아야 하나 피가 통하지 않을 정도로 세게 감아서는 안 된다.

③ 출혈량이 많을 때는 물, 음료수, 음식 등을 먹여서 영양분을 보충해야 한다.

④ 쇼크 증상을 보인다면, 골절된 다리는 그대로 두고 골절되지 않은 다리를 올려준다.

⑤ 주위가 아주 위험한 환경이 아니라면 손상된 부위가 안전하게 지지될 때까지 움직여서는 안 된다.

주제 : 염좌 및 골절 응급처치 방법 배점 : 20점 난이도 : ★★☆

Q5 다음은 염좌 및 골절 응급처치 방법에 대한 설명입니다. ①~④번에 들어갈 알파벳으로 구성된 영어 단어는 무엇일까요? (힌트 : 이천, 임금님)

염좌 및 골절 시 당황스러운 상황에서도 (　　　) 응급처치 방법을 알아두면 쉽게 기억하고 행동할 수 있다.
첫 번째 ① (　　　)est는 '휴식'이라는 뜻처럼 접질리거나 염좌나 골절 손상을 입었을 경우 놀라고 당황스러우며 통증이 심할 수 있으므로 잠시 안전한 곳에서 휴식을 취한다.
두 번째 ② (　　　)ce, 손상을 입은 후 바로 15~20분간 시원한 찜질을 해서 통증을 가라앉혀 준다.
세 번째 ③ (　　　)ompress, 상처 부위에 압박붕대 등으로 압박하여 부종의 진행을 더디게 한다
네 번째 ④ (　　　)levate은 '들어올리다'라는 뜻처럼 상처를 심장보다 높이 올려 역시 부종을 줄여줄 수 있다.

주제 : 염좌 및 골절 응급처치 방법 배점 : 30점 난이도 : ★★★

Q6 학교 내 복도에서 친구와 부딪힌 학생이 넘어지며 바닥에 손을 짚은 후 **팔 통증을 호소해 골절이 의심되는 사고가 발생했습니다.** 주변에 응급처치에 사용할 수 있는 물품이 준비되어 있습니다. 선생님은 어떤 식으로 응급처치를 해야 할까요? 아래 물품을 활용하여 응급처치 절차를 작성해 보세요.

우산, 신문, 담요, 붕대, 손수건, 아이스팩

뒷장의 정답을 보고 자신의 안전 상식 점수를 확인해 보세요. 틀린 문항에 재도전하여 놓치고 있던 안전 상식을 꼭! 기억하기 바랍니다.

나의 안전 상식 점수

/ 100점

Q1

정답 : (1) - X (2) - ○ (3) - ○ (4) - ○

해설 : 행정안전부에서 조사한 어린이 놀이시설 중대사고 통계에 따르면, 놀이시설이 설치된 유치원, 초등학교, 공원, 주택단지 중 초등학교에서 가장 높은 사고 발생률을 나타냈습니다. 사고 유형 중 추락의 발생 비율이 가장 높았으며, 활동량이 많은 학령기인 만 7~14세의 아동이 미취학 아동보다 많이 발생하는 것으로 조사되었습니다.

또한, 어린이들에게 가장 많이 발생하는 손상 유형의 80%를 차지하는 것이 염좌와 골절로 나타나 학교나 공원 등에서 놀이시설 이용 시 안전사고에 더욱 주의를 기울여야 합니다.

Q2

정답 : ④

해설 : 골절인지 아닌지 확인하기 위해서 강제로 뼈의 마찰음을 확인하거나 손상 부위의 뼈 모양을 바르게 하기 위해 움직이는 것은 손상을 줄 수 있기 때문에 반드시 최대한 움직이지 않도록 고정하고 신속히 이송해야 합니다.

Q3 정답 : A - 개방성 B - 폐쇄성

해설 : 골절은 크게 개방성과 폐쇄성으로 나뉘는데, 쉽게 말해 뼈가 골절되어 있는데 열린 상처가 있느냐 없느냐에 따라 구분됩니다. 개방성의 경우 상처가 노출되어 감염의 위험성이 폐쇄성보다 큽니다.

Q4 정답 : ③

해설 : **출혈량이 많고 골절의 손상 부위가 심하면 신속한 수술적 치료가 필요할 수도 있기 때문에 물이나 음식 등을 먹지 않는 것이 좋습니다.** 개방성의 경우 피부가 뚫려 상처를 통한 감염의 위험이 높으므로 생리식염수로 세척 및 드레싱을 하여 직접적으로 압박되지 않도록 고정하는 것이 좋으며, 붕대는 풀리지 않을 정도로 단단히 감아주는 것이 좋습니다.

Q5 정답 : RICE

해설 : 염좌 및 골절이 발생하였을 때, 'RICE(쌀)' 응급처치법을 알아둔다면 좀 더 쉽게 기억하고 처치할 수 있습니다.

1. Rest : '휴식'이라는 뜻처럼 잠시 안전한 곳에서 휴식 취하기
2. Ice : 손상을 입은 후 시원한 찜질을 해 통증 가라앉히기
3. Compress : 상처 부위를 압박붕대 등으로 압박하여 부종의 진

행을 더디게 해주고 움직이지 않게 고정하기

4. Elevate : '들어올리다'라는 뜻처럼 상처를 심장보다 높이 올려 부종 감소시키기

이렇게 앞 글자를 딴 'RICE'를 기억한다면 매우 적절한 초기 응급 처치를 할 수 있습니다.

Q6 정답 및 해설 :

골절에는 손상을 최소화할 수 있도록 고정하기 위한 부목이 필요한데, 우산의 경우 길이에 따라 팔이나 다리 등에 부목으로 사용 가능하며, 담요나 신문을 돌돌 말아 고정할 수 있습니다. 상처 부위에 출혈이 있다면 깨끗한 손수건으로 지혈하여 붕대로 고정하고, 부종 및 통증 감소를 위해 아이스 팩을 해 주는 것이 좋습니다.

다리가 골절된 경우에는 손상되지 않은 반대편 다리를 붙여 넓게 접은 붕대를 이용해 잘 묶어서 고정합니다. 매듭은 손상되지 않은 부위 쪽으로 묶어 주고, 10분마다 붕대를 감은 손 또는 발의 혈액순환 상태를 확인하여 피부색이 변하는 경우 붕대를 느슨하게 풀어 주어야 합니다.

안전 Talk Talk 💬

이재현 소방장 Says

초등학교 내 안전사고가 지속적으로 많이 발생하고 있는 만큼 학생들을 지도하는 선생님들도 증상별 대처할 수 있는 응급처치 방법을 숙지해야 합니다.

또한, 각 가정에서도 안전에 유의하며 생활하고 응급상황 시 대처할 수 있는 자율대처능력을 강화시킬 수 있도록 지도해야 합니다.

GO!(품질) GO!(효율) '심폐소생술'

아니, 이런 사건이?

경기도의 A초등학교 5학년 담임 선생님이 수업 도중 갑자기 의식을 잃고 쓰러진 후 심정지 상황이 발생했습니다. 학생들만 있는 상황에서 학생들은 가까운 교실로 찾아가 다른 반 담임 선생님께 알렸고, 선생님들이 119 신고 후 구급대가 올 때까지 자동심장충격기를 이용하여 심폐소생술을 멈추지 않고 실시하였습니다. 쓰러졌던 선생님은 두 달간의 치료 후 다행히도 5학

266

년 학생들과 다시 만날 수 있었습니다. 의무적으로 매년 심폐소생술 교육을 받고 있지만 막상 이 상황이 내 앞에 닥친다면 침착하게 잘 대처할 수 있을까요?

예방 교육의 필요성

상처나 출혈과 같이 흔히 발생하는 증상보다는 심정지 환자가 발생하는 상황은 매우 드물지만, 심폐소생술은 누군가의 인생을 뒤바꿀 수 있을 만큼 중요하고 뜻 깊은 응급처치입니다. 따라서 의무적으로 하는 교육이더라도 지속적으로 관심을 가지고 숙지하는 것이 필요합니다.

당신의 안전 상식은 안전합니까? 안전 상식 자가진단

주제 : 초기 심폐소생술의 중요성 배점 : 10점 난이도 : ★☆☆

Q1 다음은 초기 심폐소생술의 중요성에 대한 설명입니다. 적절하지 <u>않은</u> 것은 무엇일까요?

① 일반적으로 심정지 발생 후에 심폐소생술을 하지 않고 4~6분 이상 경과하면 뇌세포에 산소 공급이 중단되어 회복 불가능한 뇌 손상이 진행하기 시작한다.

② 뇌 손상이 진행된 후 심장박동 돌아오면 심정지가 발생하기 전과 똑같은 정상적인 뇌 기능 상태로 되돌아갈 수 있다.

③ 심폐소생술의 중요성은 이미 그 근거가 확립되어 있으며, 심정지 환자의 생존율을 2~3배 이상 증가시킨다.

④ 심정지 환자를 목격한 사람이 119에 신고를 함과 동시에 심폐소생술을 하게 된다면, 산소가 녹아 있는 혈액이 뇌와 심장으로 순환되기 때문에 뇌 손상 유발이 최소화되고 심장의 산소 결핍 상태가 호전되어 심장박동이 회복될 가능성이 높아진다.

⑤ 목격자의 신고 및 심폐소생술이 신속히 이루어진다면 심정지 환자 생존율이 높아질 뿐만 아니라 회복 후 뇌 기능 상태를 최대한 정상에 가깝게 하여 후유장애를 최소화할 수 있다.

Q2 다음은 심폐소생술의 4단계를 순서 없이 나열한 것입니다. 순서대로 배열해 보세요.

사용하기, 누르기, 깨우기, 알리기

Q3 다음은 심폐소생술의 4단계에 대한 설명입니다. 적절하지 **않은** 것은 무엇일까요?

① 자동심장충격기가 있다면 즉시 사용한다.
② 양어깨를 좌우로 흔들어서 의식을 확인한다.
③ 다수가 모여 있는 장소일 경우 특정인을 지목하여 신고 요청을 한다.
④ 두 손을 깍지 끼고 팔꿈치가 구부러지지 않도록 몸과 수직이 되게 하여 압박 위치에 강하고 빠르게 일정한 속도로 압박을 한다.
⑤ 구급상황요원의 안내에 따라 호흡 및 비정상 호흡 여부를 판별하여 호흡이 없거나 비정상 호흡으로 판단될 경우 즉시 가슴 압박을 한다.

Q4 심정지 상황을 신속히 판단할 수 있다면 신고 및 출동 시간을 단축하고 즉각적인 응급처치를 실시하여 고효율의 심폐소생술이 될 수 있을 것입니다. 그렇다면 심정지 증상에는 어떤 것들이 있을까요?

Q5 다음은 심정지 환자 신고 방법에 대한 설명입니다. 각 설명이 바르면 ○, 그렇지 않으면 ×로 표기하세요. (각 5점)

1. 쓰러진 환자가 깨워도 의식이 없고 반응이 없는데, 도무지 심정지인지 아닌지 모르겠다면 지체하지 말고 119에 신고한다.
(O, X)

2. 상황관리요원의 지시에 따라 보이는 대로 상황을 설명하면 심정지 여부를 좀 더 쉽게 판단할 수 있다.
(O, X)

3. 주변에 아무도 없고 혼자 환자를 목격한 경우에는 119 신고와 심폐소생술을 동시에 진행하기 어렵기 때문에 무조건 주변에 도움을 요청해야 한다.
(O, X)

주제 : 심폐소생술 방법   배점 : 30점   난이도 : ★★★

 다음은 심폐소생술 방법에 대한 설명입니다. 적절하지 **않은** 것은 무엇일까요?

① 몸의 정 중앙선과 유두선이 교차하는 지점을 압박해야 하므로 가슴 위에 십자가 모양을 만들어 위치를 찾는다.
② 가슴 압박 위치는 소아 또한 성인과 동일하고, 영아의 경우만 유두선 바로 아래의 가슴뼈를 압박한다.
③ 정확한 위치를 찾은 후 약 5cm(소아의 경우 4~5cm) 깊이로 눌러야 하며, 속도는 분당 100회 이상 120회 미만으로 한다.
④ 5cm의 깊이로 압박 후 손바닥의 압력을 완전히 이완하여 혈액순환 효과가 감소되지 않게 해야 한다.
⑤ 환자에게 호흡을 불어넣는다거나 자동심장충격기를 사용할 경우 반드시 가슴 압박에서 손을 떼는 시간이 10초 이내로 하여 가슴 압박이 중단되지 않도록 해야 한다.

뒷장의 정답을 보고 자신의 안전 상식 점수를 확인해 보세요. 틀린 문항에 재도전하여 놓치고 있던 안전 상식을 꼭! 기억하기 바랍니다.

나의 안전 상식 점수

/ 100점

Q1 정답 : ②

해설 : 일단 뇌 손상이 진행되면 심장박동이 돌아오더라도 심정지가 발생하기 전과 똑같은 정상적인 뇌 기능 상태로 되돌아가기는 매우 어렵습니다. 심정지 환자가 쓰러지는 것을 목격한 가족 또는 친지, 주변 시민 등이 당황하여 119구급대가 올 때까지 심폐소생술을 하지 않는다면 환자에게 심각한 뇌 손상이 발생할 수 있습니다. 따라서 초기 심폐소생술은 심정지 환자의 예후에 매우 중요한 역할을 합니다.

Q2 정답 : 깨우기 → 알리기 → 누르기 → 사용하기

해설 : 심폐소생술은 **깨**우고 **알**리고 **누**르고 자동심장충격기를 **사**용하는 '**깨알누사**' 순서를 생각하면 좀 더 쉽게 기억할 수 있습니다.

    1. **깨** : 쓰러진 사람을 만났을 때 가장 먼저 어깨를 두드리고 말을 걸어 '깨웁니다.'

    2. **알** : 의식이 없다면 119에 신고를 하여 '알립니다.'

    3. **누** : 구급상황요원의 지시에 따라 호흡을 확인하여 없을 경우에는 '누르고' 가슴 압박을 합니다.

    4. **사** : 사고 현장 주변에 자동심장충격기가 있다면 지체하지 말고 즉시 '사용합니다.'

Q3 정답 : ②

해설 : 쓰러진 환자의 의식을 확인할 때, 머리나 목에 외상이 있을 수 있기 때문에 손상이 더 악화되지 않도록 환자의 몸을 좌우로 흔드는 등 불필요하게 움직이지 않고 가볍게 양쪽 어깨를 두드려 말을 걸어 의식을 확인해야 합니다.

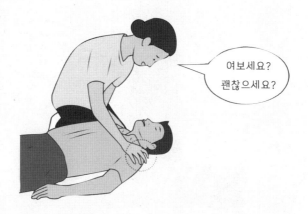

Q4 정답 : 심정지 환자는 축 늘어져 의식이 없거나 비정상적인 호흡 운동 또는 경련 증상을 보입니다.

> 💡 추가 꿀팁 정보
>
> 쓰러진 환자가 의식이 없거나 호흡이 없다면 심정지 상황이지만, 호흡을 하는 것처럼 보이고 이상한 호흡이 관찰될 때 호흡 상태가 정상인지 비정상인지 정확히 판단하기 어렵습니다. 따라서 119에 신고하여 구급상황요원의 도움을 받아 호흡 여부를 판단하는 것이 좋습니다. 구급상황요원의 질문에 따라 현장 상황을 있는 그대로 전달해서 환자의 호흡 여부를 판단하여 즉시 심폐소생술을 실시할 수 있도록 해야 합니다.

Q5 정답 : O, O, X

해설 : 심정지 환자 발생 장소를 조사한 결과, 버스나 지하철 등 공공장소가 아닌 가정에서 70% 이상의 발생률이 나타났습니다. 가정에서 혼자 환자를 목격할 경우에는 신고와 심폐소생술을 동시에 진행할 수 있도록 **핸드폰의 스피커폰 기능을 활용합니다. 환자의 상황을 상황관리요원에게 실시간으로 전달하고 음성 안내에 따라 심폐소생술을 혼자서도 시행할 수 있으며,** 영상 의료 지도로도 가능합니다.

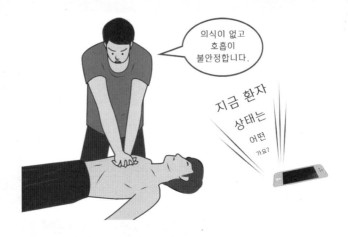

Q6

정답 : ①

해설 : 가슴 압박 위치 파악은 심장과 뇌로 충분한 혈류를 전달하기 위한 필수적 요소이므로 효과적으로 실시해야 합니다. 정확한 위치는 성인의 가슴뼈(흉골)의 아래쪽 1/2 지점입니다. 가슴 압박은 분당 100~120회의 속도로, 깊이는 5cm로 깊고 빠르게 합니다. 또한, 가슴 압박을 위한 혈류가 심장으로 충분히 채워지도록 각각의 가슴 압박이후 이완을 최대로 합니다. 가슴 압박이 중단되는 시간과 빈도를 최소한으로 줄여야 고효율의 가슴 압박이 될 수 있습니다.

안전 Talk Talk 💬

이재현 소방장 Says

심폐소생술교육은 의무사항으로 정해져 있을 만큼 그 중요성은 모두 알고 있습니다. 그러나 살면서 심정지 상황을 마주할 경우는 드물뿐더러 자주 발생하는 상황이 아니기 때문에 지속적인 관심을 갖기란 쉽지 않습니다. 하지만 일생에 단 한 번일지라도 그 한 번이 누군가의 생명을 살릴 수 있는 최선의 방법이라면 큰 의미가 있을 것입니다. 심폐소생술은 내가 누군가를 또는 나를 누군가가 구할 수 있는 최고의 응급처치라고 생각하며 교육에 임하기를 바랍니다.

우리 학교 '자동심장충격기' 사용법 익히기

아니, 이런 사건이?

2020년 10월, A중학교 운동장에서 축구를 하던 학생이 친구의 다리에 걸려 넘어져 의식을 잃었습니다. 이를 전해 들은 보건 선생님이 달려 나와 119에 신고를 했고, 병원으로 이송되었지만 외상성 뇌출혈로 끝내 사망했던 안타까운 사고가 있었습니다. 보건 선생님이 호흡과 맥박이 있어 자동심장충격기를 사용하지 않았다고 했으나 유가족들은 적절한 응급처치를 하지 않

앉음에 이의를 제기하여 경찰이 조사한 사례입니다. 이처럼 심정지 상황이 발생했을 경우, 자동심장충격기는 언제 어떻게 사용해야 할까요?

예방 교육의 필요성

의식이 없는 환자를 만났을 때 누구나 놀라고 당황할 것입니다. 더구나 호흡이나 맥박이 있는지를 확인하기란 일반인뿐만 아니라 의료종사자도 어려운 부분입니다. 현재 개정된 심폐소생술 가이드라인에서도 119 신고 후 구급상황요원과 함께 현장 상황을 있는 그대로 전달해 확인하고 처치할 것을 권고하고 있습니다. 따라서 의식 없는 환자를 만난다면 빠른 신고가 반드시 우선되어야 합니다.

당신의 안전 상식은 안전합니까? 안전 상식 자가진단

주제 : 우리나라 사망률 통계 배점 : 20점 난이도 : ★★★☆

Q1 우리나라 암 발생률 1위인 위암보다 심정지 발생률이 더 높고, 교통사고보다 심정지 사망률이 훨씬 높다.

(○ / X)

주제 : 자동심장충격기의 구성 배점 : 20점 난이도 : ★★★☆

Q2 다음은 자동심장충격기의 구성에 대한 설명입니다. 적절하지 **않은** 것은 무엇일까요?

① 보통 스탠드형이나 벽걸이형 보관함에 보관되어 제품을 꺼내면 도난 방지를 위한 경보음이 작동된다.
② 제품에는 자동심장충격기와 연결 케이블이 달린 패드가 두 장 있으며 배터리도 포함되어 있다.
③ 배터리는 용량에 따라 사용 횟수 및 연속 작동 시간이 다르므로 유지 관리

시 확인해야 한다.

④ 패드는 관리의 용이함을 위해 다회용이며 사용 기한이 정해져 있지 않다.

⑤ 구급대원이나 의료진이 사용하는 전문 자동심장충격기는 패드를 성인, 어린이, 영아로 나누기도 하지만, 일반적인 보급형 자동심장충격기는 기계 자체에서 어린이와 성인 버튼으로 전환하여 사용할 수 있으며, 성인과 어린이는 부착 위치가 다르다.

주제 : 자동심장충격기의 원리 배점 : 20점 난이도 : ★★☆

 다음은 자동심장충격기의 원리에 대한 설명입니다. 적절하지 **않은** 것은 무엇일까요?

① 자동심장충격기의 원리는 200J의 1000~2000볼트 고압 직류전기를 심장을 관통하게 함으로써 심장에서 일어나고 있는 전기적 활동을 일시에 모두 잠재우는 것을 말한다.

② 심장 충격이 시행되면 심장의 근육세포들은 한동안 마비 상태가 되고, 정상적인 전기적 활동이 가장 먼저 깨어나면서 정상적인 심박동으로 회복된다.

③ 심실빈맥과 심실세동이 아닌 심전도 리듬(무수축 또는 무맥성 전기활동)을 보이는 심정지 환자에게는 자동심장충격을 시행하면 안 되기 때문에 이를 구분하는 방법을 숙지하고 있어야 한다.

④ 심장 충격은 심정지 발생 직후부터 1분이 지연되어 시행될수록 그 성공률이 7~10%씩 감소되므로 가능한 한 3분 이내, 늦어도 10분 이내 시행해야 한다.

주제 : 자동심장충격기 사용 절차 배점 : 20점 난이도 : ★★☆

 다음은 자동심장충격기의 사용 절차를 순서 없이 나열한 것입니다. 순서대로 배열해 보세요.

㉮ 심장 리듬을 분석한다.
㉯ 전원을 켠다.
㉰ 심장 충격을 시행한다.
㉱ 즉시 심폐소생술을 다시 시행한다.
㉲ 두 개의 패드를 부착한다.

다음은 자동심장충격기의 사용 방법에 대한 설명입니다. 적절하지 **않은** 것은 무엇일까요?

① 패드1은 오른쪽 빗장뼈 아래, 패드2는 왼쪽 젖꼭지 아래의 중간 겨드랑이 선에 붙인다.

② 패드 부착 위치에 땀이나 기타 이물질이 있으면 제거한 뒤 부착한다.

③ 심장 충격이 필요한 환자에게만 사용하며, 버튼이 깜빡이면 모든 사람을 환자에게서 떨어지게 한 뒤 즉시 누른다.

④ 자동심장충격기는 2분마다 자동으로 심장 리듬을 다시 분석하여 심장 충격 처치를 지시한다. 119구급대가 도착할 때까지 심장 충격 처치를 반복해서 실시해야 한다.

⑤ 심장 충격이 필요한 리듬이 확인된 환자라면 "심장 충격이 필요합니다."라는 음성 지시가 나오면서 자동심장충격기가 스스로 설정된 에너지로 충전을 시작하고, 충전은 수초 이상 소요되므로 잠시 대기한다.

뒷장의 정답을 보고 자신의 안전 상식 점수를 확인해 보세요. 틀린 문항에 재도전하여 놓치고 있던 안전 상식을 꼭! 기억하기 바랍니다.

나의 안전 상식 점수

/ 100점

Q1

정답 : ○

해설 : **질병관리본부의 '급성심장정지 조사 통계'를 보면, 우리나라 암 발생률 1위인 위암보다 심정지 발생률이 더 높았고, 교통사고의 사망률보다 역시 심정지 사망률이 훨씬 높은 것으로 나타나 그 위험성이 더 높다는 것을 알 수 있습니다.** 현재 우리나라는 심정지 환자를 발견했을 때 초기 심폐소생술 시행률은 예전에 비해 많이 높아졌으나 아직도 선진국에 비해서는 낮은 것으로 나타났습니다.

Q2

정답 : ④

해설 : **자동심장충격기의 패드는 다회용이 아닌 1회용이므로 사용 후 새 제품으로 교체해야 합니다.** 또한, 패드를 사용하지 않고 개봉만 하였더라도 응급상황 시 사용하는 것이기 때문에 최상의 상태를 유지하기 위하여 교체해야 합니다. 패드의 사용 기한이 정해져 있기 때문에 반드시 포장 겉면에 사용 기한을 확인하여 유지 관리해야 합니다.

Q3

정답 : ③

해설 : 자동심장충격기는 의학적 지식이 충분하지 않은 일반인도 사용할 수 있도록 내장된 컴퓨터가 환자의 심장 전기신호를 자동으로 분석해 심장 충격이 필요한 형태의 심정지를 구분해줍니다.

또한, 간단히 심장 충격 버튼을 누름으로써 심장 충격을 시행할 수 있도록 도와줍니다. 그러므로 심정지 환자를 발견한 사람은 누구라도 자동심장충격기의 지시에 따라 쉽게 심장 충격을 시행할 수 있습니다.

Q4

정답 : ⓘ - ⓜ - ⓖ - ⓓ - ⓔ

해설 : 자동심장충격기는 ①켜고 ②붙이고 ③분석하고 ④누르고 순서대로 기억하면 좋은데, 기억하지 못하더라도 전원을 켠 후엔 자동으로 기계에서 음성으로 지시하기 때문에 당황하지 말고 음성에 따라 실시하면 됩니다.

Q5

정답 : ⑤

해설 : 먼저 전원을 켜고, 환자 피부에 물이나 땀이 묻어 있으면 제거 후 패드를 부착합니다. 자동심장충격기의 심장 리듬 분석은 충격이 필요한 경우와 아닌 경우 두 가지로 나눌 수 있습니다.

충격이 필요한 경우에는 자동으로 설정된 에너지가 충전이 되는 동안 수초가 소요되기 때문에 그동안에도 가슴 압박을 실시하고, 충전이 완료되면 충격 버튼을 눌러 심장 충격을 실시합니다. 충격 후에도 기계음에 따라 가슴 압박을 하고, 2분마다 환자의 심장을 재분석하는 충격기의 안내에 따라 구급대가 올 때까지 또는 환자가 의식을 회복할 때까지 멈추지 않고 실시합니다. 분석 후 심장충격기 필요하지 않다고 음성이 나온다면 역시 지시에 따라 가슴 압박을 실시하면 됩니다.

또한, 자동심장충격기를 심정지 환자에게 사용할 때, 두 번의 경우를 제외하고는 심폐소생술을 멈추지 않아야 합니다. 첫 번째는 자동심장충격기가 환자의 심장을 분석할 때, 두 번째는 충격 버튼을 누를 때에만 환자에게서 잠시 떨어져야 합니다.

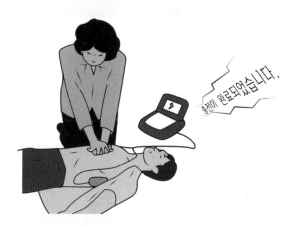

안전 Talk Talk 💬

이재현 소방장 Says

앞에서 언급했듯이, 자동심장충격기를 시행하면 생존율이 3배 이상 증가하는 만큼 앞으로 교육의 중요성이 더욱 강조될 것입니다. 심정지 상황은 학교에서 많이 발생하는 응급상황은 아니지만 학교 내에 설치되어 있는 자동심장충격기에 항상 관심을 가지고 있어야 합니다. 의무적인 교육이 아닌 지속적이고 반복적인 실습으로 사용 방법을 습득해야 누구나 당황할 수밖에 없는 응급상황에서 한 생명을 살리는 데 큰 역할을 할 수 있게 될 것입니다.

'구급 현장' 속
그때 그 순간!

아니, 이런 사건이?

약 10여 년간 구급대원으로 활동하면서 화재, 구조, 구급 등 여러 사건 사고를 경험했습니다. 삶과 죽음의 기로에 놓여 고군분투했던 순간이나 생명을 구했을 때의 기쁨, 열심히 노력했지만 결국 환자가 사망했을 때의 허탈함 등 그때 그 순간! 생생한 기억 속 이야기를 함께 나누며 안전에 대해 다시 한번 생각해 보는 기회가 되었으면 좋겠습니다.

주제 : **심폐소생술 구급 현장 사례** 배점 : 30점 난이도 : ★★★

 다음은 한 소방관이 겪었던 구급 현장의 사례입니다. ①~⑥에 들어갈 알맞은 낱말은 무엇일까요? (각 5점)

> 20대인 아들이 화장실에 다녀온 후 쓰러져 의식이 없다는 신고 건으로 출동하였다. 팔다리가 뻣뻣하고 숨을 잘 쉬지 못하는 것 같다고 해서 ① (ㅅㅈㅈ) 상황임을 인지하고 전문 ② (ㅅㅍㅅㅅ) **장비와** 전문 ③ (ㅈㄷㅅㅈㅊㄱㄱ 등)를 챙겨 현장에 도착하였다. 확인한 바 ④ (ㅇㅅ), ⑤ (ㅁㅂ), ⑥ (ㅎㅎ)이 없는 상태였다. 즉시 ② (ㅅㅍㅅㅅ)을 실시하고 ③ (ㅈㄷㅅㅈㅊㄱㄱ) 패드를 부착하여 분석 후 심장 충격을 실시하였다. 결국 현장에서 ⑥ (ㅎㅎ)과 ⑤ (ㅁㅂ)이 돌아왔다. 나는 팀원들에게 "⑤ (ㅁㅂ) 돌아왔습니다!"라며 큰소리로 외쳤고, 그 자리에 같이 있었던 환자의 가족들은 기쁨의 환호와 박수를 나누었다.

주제 : **기도폐쇄 구급 현장 사례** 배점 : 20점 난이도 : ★★☆

 다음은 한 소방관이 겪었던 구급 현장의 사례입니다. ①~④에 들어갈 알맞은 낱말은 무엇일까요? (각 5점)

> 3살가량의 어린이가 블록 장남감을 가지고 놀다가 호기심에 삼켜 ① (ㅎㅎ) 곤란 및 지속적으로 아이가 울고 있다는 어머니의 신고를 받고 출동하였다. 엄마의 신고 내용상 이물질에 의한 ② (ㄱㄷㅍㅅ) 상황으로 인지하고 전문 기도유지술 및 ③ (ㅅㅍㅅㅅ) 장비를 가지고 신속히 아이의 집에 도착하였다.
> 이처럼 어린아이 또는 초등학교 저학년 등 호기심 많은 아이들이 이물질 삼킴 또는 떡 등의 음식으로 인해 ② (ㄱㄷㅍㅅ) 상황이 발생하는 경우가 있다. 이럴 때는 침착하게 등을 두드려 보고, 그 후에도 상태 악화 시 ④ (ㅎㅇㄹㅎㅂ)을 실시할 수 있다. 이후에 의식과 ① (ㅎㅎ)이 없어진다면 즉시 ③ (ㅅㅍㅅㅅ)을 실시해야 한다.

Q3　영아가 구슬을 삼켜 얼굴이 새파래지고 숨 쉬기 힘들어 하는 모습을 보입니다. 영아 기도폐쇄의 응급처치 방법을 설명해 보세요.

Q4　성인이 갑자기 목을 부여잡으며 답답함을 호소합니다. 성인 기도폐쇄의 응급처치 방법을 설명해 보세요.

Q5　다음은 한 소방관이 겪었던 구급 현장의 사례입니다. ①~③에 들어갈 알맞은 낱말은 무엇일까요? (각 5점)

어둑해진 저녁 시간, 갑자기 울린 출동벨의 신고 내용은 어린이가 조형물에 ① (ㅁㄹ)가 끼여 나오지 못하고 있다는 것이었다.

일단 아이 가까이에서 상태를 확인한 뒤 대원들이 구조 상황을 판단하는 동안 아이를 안심시켰고, 아이의 귀가 걸리는 상황으로 귀를 최대한 돌에 닿지 않도록 의료용 ② (ㅌㅇㅍ)과 ③ (ㄱㅈ)를 활용하여 ① (ㅁㄹ)에 밀착시키고 상처 없이 무사히 구조했던 사례였다.

이처럼 호기심이 많은 어린이에게 일어날 수 있는 상황으로 보호자는 아이를 항상 주시하여야 하고, 안전에 대해 반복적인 교육을 실시해야 한다.

Q6 다음은 한 소방관이 겪었던 구급 현장의 사례입니다. ①~④에 들어갈 알맞은 낱말은 무엇일까요? (각 5점)

어느 일요일, 주말, 갑자기 긴급한 목소리의 출동 내용이 들려왔다. 어린이가 물에 빠져 ① (ㅇㅅ)이 없다는 신고였다. 이송 중 신고자와 통화한 바, 현재 안전요원들이 ② (ㅅㅍㅅㅅ) 중이라고 하였다. 출동 후 아이가 살아나길 마음속으로 수백 번 외치며 ② (ㅅㅍㅅㅅ)을 하고 있을 때 저 멀리서 아이의 어머니가 놀라 뛰어오고 있었다.

신속히 병원 이송을 하였으나 아이는 중환자실에서 오랜 시간 나오지 못했다. 경찰 조사 결과, 어린이가 ③ (ㄱㅁㅈㄲ)를 착용하지 않았던 것을 CCTV에서 확인하였고, ④ (ㅇㅈㅇㅇ)이 그렇게 수영장에 입수한 어린이를 제지하지 않아 안전책임자가 경찰에 입건되었다.

뒷장의 정답을 보고 자신의 안전 상식 점수를 확인해 보세요. 틀린 문항에 재도전하여 놓치고 있던 안전 상식을 꼭! 기억하기 바랍니다.

나의 안전 상식 점수

/ 100점

Q1

정답 : ① 심정지 ② 심폐소생술 ③ 자동심장충격기 ④ 의식 ⑤ 맥박
⑥ 호흡

해설 : 그 후에 환자는 중환자실에서 집중 치료를 했고, 2~3주 후 직접 통화
하며 "살아줘서 고맙습니다.", "살려주셔서 감사합니다."라고 서로 인
사를 나누었던 기억이 납니다. 저에게 그날의 기억은 그 어느 때보다
생생하고, 아직은 살아갈 날이 많은 한 젊은 청년에게 새 생명을 선
물한 것 같아 더더욱 뿌듯하고 행복한 순간이었습니다. 현재도 그분
과 가끔 문자를 주고받으며 서로 안부를 묻기도 합니다.

Q2

정답 : ① 호흡 ② 기도폐쇄 ③ 심폐소생술 ④ 하임리히법

해설 : 소방관이 아닌 아이 엄마로서 어린아이일수록 더욱 현장 상황이 안
타깝고 힘들 때가 많이 있습니다. 그렇지만 더욱더 놀라고 힘들 부모
님들이 구급대원인 저만 믿고 바라보기 때문에 더 책임감을 가지고
현장에 출동하게 되고, 놀란 부모님의 마음을 충분히 공감하기에 병
원에 가기까지 힘이 되어드릴 수 있도록 노력합니다.

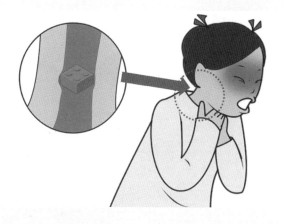

Q3 정답 및 해설 :

영아의 기도폐쇄는 단추, 동전, 구슬 등의 이물질을 입에 넣었다가 삼키는 과정에서 많이 발생합니다. 이럴 때에는 복강 내 장기 손상의 위험이 크기 때문에 성인과 다르게 등 두드리기와 가슴 압박을 실시해야 합니다.

이물질이 튀어나오거나 영아의 호흡이 회복될 때까지 등 두드리기와 가슴 압박을 5회씩 반복적으로 실시하고, 만약 영아가 의식을 잃는다면 즉시 119에 신고하고 영아 심폐소생술을 실시합니다.

Q4 정답 및 해설 :

성인 기도폐쇄 발생 시 말을 할 수 있는 정도라면 기침을 유도해 보고, 의식이 있는데 완전한 기도폐쇄로 말을 못 하고 호흡 곤란을 호소한다면 하임리히법을 실시합니다. 먼저 주변 사람에게 119 신고를 요청하고 목에 무엇이 걸렸는지 물어보며 기침을 유도해 보고, 상태 악화 시에는 등 두드리기를 5회 실시합니다.

그리고 환자의 등 뒤에서 주먹 쥔 손을 배꼽과 명치 중간 정도에 위치해 엄지손가락이 배에 닿도록 하고 다른 한 손으로 감싸며, 한쪽 다리는 환자 다리 사이에 두고 후상방으로 복부 밀어내기를 5회 실시합니다. 이렇게 등 두드리기 5회와 복부 밀어내기 5회를 반복합니다. 임산부나 비만인 경우

가슴 부위를 밀쳐 올려주면 됩니다.

정답 : ① 머리 ② 테이프 ③ 거즈

해설 : 호기심이 많은 어린이의 경우 유아용 변기에 몸통이 끼이거나 장난
감에 팔이 끼는 등 다양한 사건 사고가 많이 발생하곤 합니다.
이런 아이들의 안전사고 발생 현장에 출동하다 보면 정말 잠깐의 순
간에 아이가 보호자의 시야에서 사라지거나 보호자가 자리를 비운
경우가 많았습니다. 가정에서는 보호자가 아이들을 항상 주시하고,
학교에서는 아이들의 안전에 대한 반복적인 교육을 통해 일상생활
의 안전으로까지 이어질 수 있도록 지도해야 합니다.

Q6

정답 : ① 의식 ② 심폐소생술 ③ 구명조끼 ④ 안전요원

해설 : 아직도 저에게는 마음속 깊이 남아 있는 출동입니다. 현장에 출동할
당시 개인적으로 저의 아이와 같은 나이였고, 제가 임상 연수를 하
는 병원에서 그 아이가 중환자실에서 집중치료를 하며 깨어나지 못
하는 것을 연수 기간 동안 지켜볼 수밖에 없었기 때문에 다른 어느
때보다도 더 마음이 힘들었습니다.
그날 이후 어린이들의 안전사고는 반드시 보호자인 어른들의 안전

의식까지 함께해야 모두 안전해질 수 있다고 느끼게 되었던 사건이었습니다.

안전 Talk Talk 💬
이재현 소방장 Says

구급 현장을 누비다 보면 어린이 안전교육의 필요성을 매번 느끼게 됩니다. 놀이터에서의 부주의로 인한 추락, 낙상 사고, 호기심이 많은 어린이들의 구조물에 의한 끼임 등 여러 가지 사건 사고가 지속적으로 발생하고 있습니다.

사회가 발전해 나갈수록 안전에 대한 관심과 중요도는 그 무엇보다도 더 강조될 수밖에 없고, 아이부터 성인까지 모두가 안전한 사회를 만들기 위한 관심과 노력은 계속돼야 할 것입니다.